30歳の保健体育

health and physical education for over thirty

how to make love

夜の恋愛編

はじめに

「セックスがしたい！」
　そんな魂の叫びを続けていても、いざ彼女ができたら、どうやってセックスに持ち込んでよいのか分からないということは多々あります。

　偶然に、彼女とセックスができそうな雰囲気になっても、漠然とセックスをしたいと思っているだけでは、どのように彼女に迫ればよいのか戸惑うことは明白です。

　また、セックスしたいと念じているだけでは、できるものもできません。
　付き合っている状態で彼女に迫れなければ、意気地のない男性だと思われてしまったり、「私の身体に魅力がないのではないか」と思われたりして、せっかくできた彼女との関係に亀裂が入ってしまう原因になることもあるでしょう。

　もちろん、日常を通じてもカップルの仲は深まります。しかし、セックスよりもお互いを深く知るための手段はありません。これは、セックスが共同作業であるため、「いっしょにやった」という達成感を共有できることや、もっとも恥ずかしい姿をお互いに見せ合うことによります。

　そして、セックスは、その回数を重ねるごとに、相手の日常では知り得ない部分をどんどん知ることができます。お互いの身体や性感だけでなく、秘密を共有するので、ふたりの仲は、セックスを重ねれば重ねるほどに深まるでしょう。

　恋愛には、日常を通して仲を深める恋愛と、セックスを通して仲を深める恋愛があります。いわば「夜の恋愛」ともいえるセックスをマスターすれば、彼女と末長く幸せになれるのです。

　本書では、恋人をセックスに持ち込む方法と、２回目以降のセックス方法、それらを通じてふたりの仲を深める方法について考えます。

002	はじめに	

第一章 セックスは愛の証
1st chapter : SEX is love certificate

- 010 1-01 セックスは恋人との仲を深める行為
- 011 1-02 恋人＝セックスは間違い
- 011 コラム 行動しなければセックスはできない
- 012 1-03 身体の相性と恋愛の相性
- 013 1-04 セックスは汚いものじゃない
- 013 コラム 彼女のすべてを受け入れよう
- 014 1-05 セックスに対する女性の考え方
- 015 1-06 童貞卒業に際しての心構え
- 015 コラム 心から彼女を愛そう
- 016 1-07 恋人との最初のセックスは慎重に

第二章 セックスまでのステップ
2nd chapter : Steps to SEX

- 022 2-01 セックスの場所を考える
- 022 コラム セックスまでのデート回数
- 023 2-02 セックスとデートコース
- 023 コラム 時間によるセックスへの持ち込み確率
- 024 2-03 セックスを前提とした身だしなみ
- 024 コラム 口臭ケア
- 025 2-04 家に彼女を呼ぶ場合
- 025 コラム 彼女に送ってもらう!?
- 026 2-05 家に彼女を呼ぶためのステップ
- 027 2-06 彼女を呼ぶための口実
- 028 2-07 部屋の掃除
- 029 2-08 あると便利なインテリアグッズ
- 029 コラム 座る場所の確保をしよう
- 030 2-09 彼女が来たときの対応方法
- 030 コラム 女性の服は繊細
- 031 2-10 もてなしは飲み物から
- 031 コラム 食事とセックスの関係
- 032 2-11 セックスまでのタイムスケジュール
- 032 コラム 勝負部屋着の準備
- 033 2-12 彼女が泊まる場合の準備
- 033 コラム すっぴん
- 034 2-13 彼女の家に行く場合
- 034 コラム 家に行くときは服装に気を付けよう
- 035 2-14 彼女の家に行くまでのステップ、口実
- 036 2-15 彼女の家で過ごす時間
- 036 コラム 困ったときのDVD鑑賞
- 037 2-16 まずはベッドに上がることから
- 037 コラム コンドームの事前準備
- 038 2-17 ラブホテルを利用する場合
- 039 2-18 ラブホテル利用の難易度
- 039 コラム 車を持っていると有利?
- 040 2-19 ラブホテルの立地条件と値段
- 040 コラム 入る前に飲み物を買おう
- 041 2-20 ラブホテルの設備
- 041 コラム 普通のホテルのショートステイ
- 042 2-21 ラブホテルでの雰囲気作り

第三章 はじめてのセックス
3rd chapter : The first SEX

- 048 3-01 最初から完璧なセックスを期待しない
- 049 3-02 目的は童貞卒業ではなく、愛し合うこと
- 050 3-03 愛し合う結果がセックス
- 051 3-04 感じさせることを義務だと思わない
- 051 コラム 愛のあるセックスって?
- 052 3-05 まずはベッドで添い寝することから
- 053 3-06 頭を撫でる
- 053 コラム ひざ枕
- 054 3-07 手の絡め方
- 055 3-08 キスへの持ち込み方
- 056 3-09 セックスに持ち込むキス
- 057 3-10 身体を触る順番
- 058 コラム 照明用リモコンはセックスの味方
- 059 3-11 部屋の明るさと性行為への抵抗感
- 060 3-12 セックス前のシャワー
- 060 コラム シャワーを浴びるとは限らない
- 061 3-13 シャワーからセックスまでの時間
- 062 3-14 服の脱がせ方と順序

063 コラム セックスのときにメガネは外す?
064 3-15 乳房愛撫の方法
065 コラム 人によって感度は違う
066 3-16 乳房愛撫に適した体勢
066 コラム 布団を目隠しとして利用しよう
067 3-17 乳房愛撫から性器愛撫への移行
067 コラム 彼女が生理だったら?
068 3-18 性器愛撫は優しく
069 3-19 下着の上からの性器愛撫方法
070 3-20 直接性器を触る愛撫方法
071 コラム 愛液と体調、個人差
072 3-21 性器愛撫と乳房愛撫、キスはセットで
072 コラム はじめてではオーラルセックスはしない
073 3-22 相手にペニスを触らせる
074 3-23 挿入してもよいかの判断基準
074 コラム 避妊方法
075 3-24 処女と非処女
076 3-25 挿入に適した体勢に移動しよう
076 コラム コンドームを付けるタイミング
077 3-26 挿入時のトラブル
078 3-27 はじめてのセックスと体位
079 3-28 ペニスの動かし方
080 コラム 気持ちを込めて動こう
081 3-29 挿入中に行うこと
081 コラム セックスと呼びかけ
082 3-30 射精
082 コラム 射精直後の処理

第四章 初セックスの事後 4th chapter : After the first SEX

088 4-01 射精後
088 コラム テンションの違いに気を付けよう
089 4-02 事後の触れ合いの大切さ
089 コラム 事後に対する考え方の男女差
090 4-03 NGな態度
091 4-04 ピロートーク
091 コラム ピロートークと共に行うこと

092 4-05 腕枕
092 コラム 腕のしびれにはご注意を
093 4-06 下着や服を着るタイミング
093 コラム 散らばった服は拾ってあげよう
094 4-07 事後のシャワーやお風呂
095 4-08 就寝準備と朝の迎え方
095 コラム 寝ている間のトラブル
096 4-09 朝食
096 コラム 朝食は前日に入手しておこう

第五章 2回目以降のセックス 5th chapter : Practiced SEX

102 5-01 回数を重ねることで愛が深まる
103 5-02 2回目以降の雰囲気作り
103 コラム 手抜きに注意
104 5-03 2回目以降で可能となる体位
105 コラム 2回目以降のセックスにかける時間
106 コラム 了解を取ることが円満に進むコツ
107 5-04 2回目以降で試したいプレイ
107 コラム セックスの頻度
108 5-05 フェラ
109 コラム 互いにしたいこと、されたいことを知る
110 5-06 クンニ
112 5-07 シックスナイン
113 5-08 耳や指などを舐めるプレイ
114 5-09 乳首を舐めるプレイ
115 5-10 玩具
117 コラム 玩具に対する女性の恐怖心
118 5-11 シチュエーションを変えてのプレイ
120 5-12 ソフトSM・目隠し
121 5-13 1日に複数回のセックス
121 コラム 精力
122 5-14 繰り返し肌を合わせることの意味
123 5-15 セックスの先にある世界

127 さいごに

第一章 セックスは愛の証

30歳の保健体育
health and physical education for over thirty
how to make love 夜の恋愛編

1st chapter :
SEX is love certificate

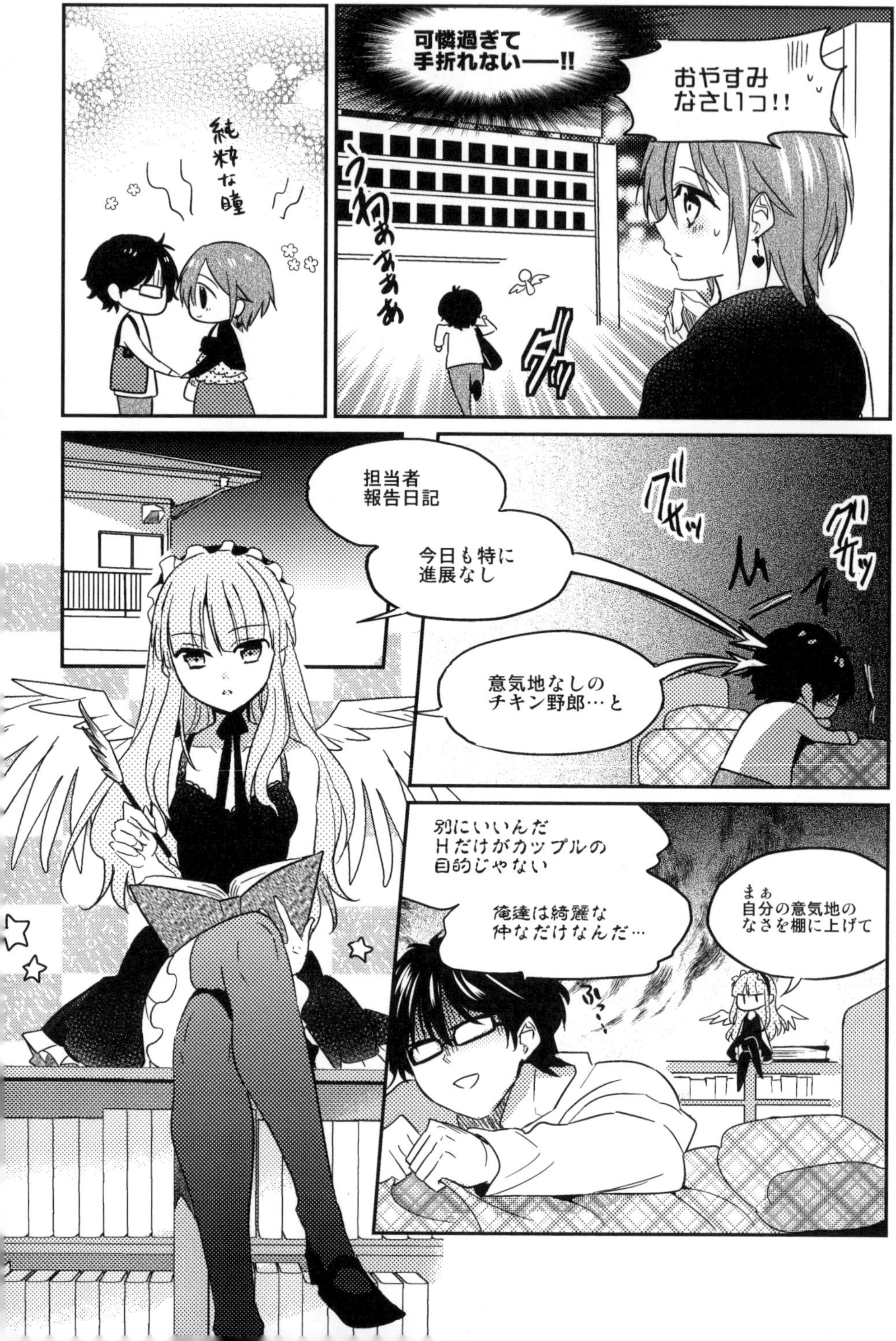

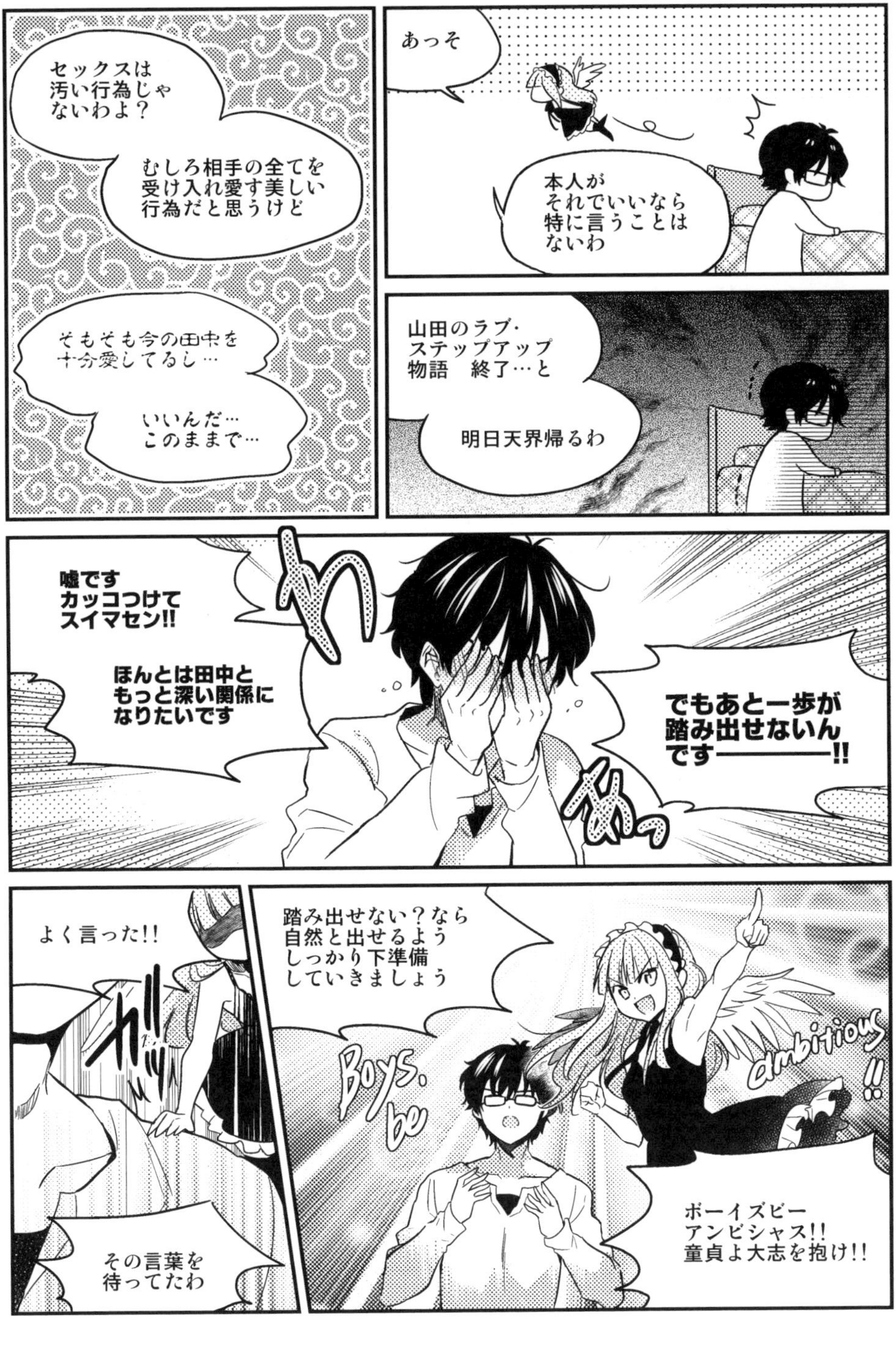

1-01 セックスは恋人との仲を深める行為

1st chapter : SEX is love certificate
health and physical education for over thirty　how to make love

　皆さんは、セックスの意味を考えたことがあるでしょうか。動物にとっては子孫繁栄のためである性行為も、ヒトにとっては、快楽を貪る行為という印象が強いかもしれません。
　しかし、一部の場合を除いて、その行為の根底には、ヒトがヒトと繋がりたいと思う欲求があります。そして「繋がる」とは、恋愛対象と限りなく近づこうとすることです。

　もちろんセックスは、身体を共にするため、目の前の相手との仲を深めるには最適な方法であるといえるでしょう。そのため、「繋がりたい」と思う相手とのセックスは、相手との距離を縮めるだけでなく、深い愛情を伴います。そして結果として、そんなセックスがもっとも大きな快楽をもたらすのです。

　しかしそうはいっても、セックスは挿入して終わりではありません。セックス未経験の状態では、そんな素晴らしいセックスに至るまでには、多くの困難があるでしょう。

　セックスには挿入以外に楽しみ方や手順があります。それらを怠ると、お互いが感じる愛情も半減してしまいます。
　もちろん、セックス未経験の状態では、セックスのスタートから終了、そしてアフターケアまでの手順を最初からきちんと踏むことは難しいので特に注意しなければなりません。

　そして、そのような一連のセックスの流れを満足にできてこそ、より大きな愛情をお互い享受できるもの。だからこそ、本当の目的である「繋がる」ことを達成し、お互いが満足するために、準備からアフターケアまで、セックスの過程すべてに気遣う必要があるのです。
　また、セックスの特徴として、回数を重ねることで、お互いをより、深く知ることができるようになることが挙げられます。そのため、同じ相手との2回目以降のセックスでは、より多くの愛情を交換でき、坂を登るように、ふたりの距離がどんどん近づくともいえるでしょう。

1-02 1st chapter : SEX is love certificate

恋人＝セックスは間違い

　セックスをする相手が恋人や配偶者である場合は多いですが、逆はどうでしょうか。配偶者とのセックスは当たり前かも知れませんが、恋人＝セックスの相手にはならないことに注意が必要です。

　これは、セックスを機に付き合いはじめるのではなく、付き合いがはじまってある程度の時期を経てから、身体の付き合いがはじまるカップルが多いことによります。
　つまり、恋人ができたとしても、即セックスに至るとは限らず、場合によってはキスすらできずに別れる可能性があるということを考えた上で、恋人とのセックスを考えなければならないのです。

　特に、女性の貞操観念が強い場合などは、「結婚まで処女をとっておく」とまではいかないものの、彼氏が身体だけを目当てとしているわけではないということを確認するまでに、ある程度の時間をかけたいと思うこともあるのです。
　そういった場合でなくとも、男性が付き合い間もなくセックスを要求すると、飢えている印象や、身体目的だと勘違いされる可能性もあるので注意が必要でしょう。

　そして、そのような印象を与えず、セックス後には恋人とさらに深い仲になるためにも、きちんとしたセックスまでの手順や、アフターフォローが不可欠なのです。

Column

行動しなければセックスはできない

　いくら恋人＝セックスではないとしても、自分から動かなければ、多くの場合セックスまでたどり着けません。
　それどころか、女性が OK サインを出しているのに、それに気が付かないと「据え膳」を食わないことになり、女性に恥をかかせかねないので注意が必要です。
　その一方で、見極めを誤れば、逆に彼女との関係を悪化させる可能性もあります。だからこそ、行動には注意も必要なのです。
　このような見極めを伴った行動は、難しいように見えますが、肉体関係を除いても、それくらい気が付かないと彼女を理解できていないといわざるを得ません。
　しかし、セックスに至るまでのフラグやトリガーは多くあるので、それらを知り、気付いて行動すれば、行動すべきかの見極めは正確になり、セックスに近づく可能性もぐっと上昇するでしょう。

1-03 身体の相性と恋愛の相性

1st chapter : SEX is love certificate

health and physical education for over thirty
how to make love

身体の相性は恋愛の相性に影響を与えます。

これは簡単に言えば、物理的な意味で恋人と限りなく近づく手段がセックスであることによります。先のページで述べたように、セックスでは愛情の存在を確認することが可能です。悪い言い方をすれば、ふたりが仲良くなるために、お手軽かつ、高い効果を発揮するのがセックスでもあるといえるでしょう。

特に、性の価値観の違いは、食べ物の好みと同じく本能に直結しているため、恋愛においては避けることが難しい問題です。

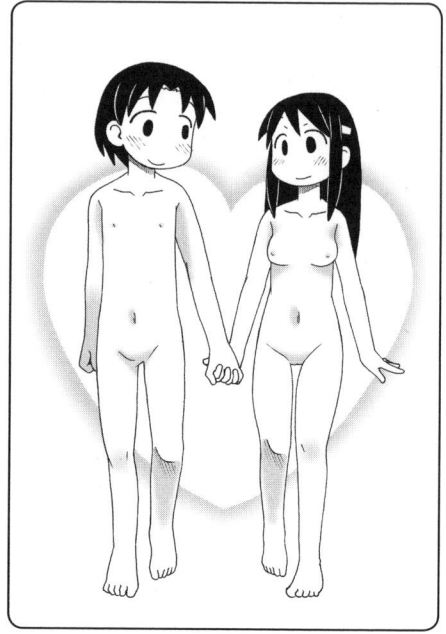

そのため、お互いがセックスに満足できなければ、当然、他の方法で仲を深めるしかありません。もちろん、清い関係の中で育まれる愛情は非常に美しいですが、それは得てして非現実的です。

もちろん、セックスの価値観や互いの性癖などからもたらされる相性は、はじめから合うことは滅多にありません。ときには、自分のしたくないことや、苦手なことも出てくるでしょう。

しかし、そんな問題は、彼氏彼女の関係だからこそ、知ることのできたこと。ふたりが歩み寄り、問題を解決する過程の中で、さらに仲を深めようとする姿勢こそが大事なのです。

最初からの身体の相性だけですべてを判断するのではなく、歩み寄りながらセックスを重ねるごとによくなる身体の相性もあると覚えておきましょう。

セックスは汚いものじゃない

セックスには、恋人同士が繋がるという、ロマンチックなイメージがあります。
しかし、それと同時にセックスには「汚い」イメージも付きまとうのもまた事実です。

この理由のひとつは、排泄を行う場所に近く、一般的に汚いイメージがある性器同士を繋げるためです。
また、セックスでは、精液や膣分泌液、唾液といった、様々な体液に触れることを避けられないため、好きな人のものであっても、自分以外の体液に嫌悪感を抱く人にとっては、なおさらセックスは汚いものと感じるものです。

しかし現実のセックスでは、上に挙げた「汚い」といわれることを受け入れるしかありません。体液に対する抵抗感は拭えないかもしれませんが、それがもっとも愛する人のものであれば、きっと抵抗感は薄れるはずです。

また、セックスに汚さを感じるもうひとつの理由として、セックスには互いの欲望をむき出しにして愛し合う動物的な行為の側面があることが挙げられます。
これは、普段の生活で、セックスほど動物的な行為は滅多にないため、本来自然な行為であるセックスが野蛮な行為だと思ってしまうことにより、汚さを感じるということです。
誰にでも性欲はあり、汚らわしいと思うにせよ思わないにせよ、それがセックス本来の姿であることを理解しましょう。

Column

彼女のすべてを受け入れよう

愛しい相手とのセックスに対して汚さを感じることは、極端に言えば「彼女を完全に受け入れていない」ことに他なりません。あらゆる体液、普段は見せない性欲も含めて、それはすべて彼女です。
アイドルであってもトイレに行くように、男性が目を背けたくなる一面もあるでしょう。しかし、それらを直視し、受け入れることが、彼女を一段と深く理解することに繋がります。
そして、そのようなすべて受け入れる行為がセックスであり、セックスに愛情が伴う理由でもあるといえるでしょう。

1-05 セックスに対する女性の考え方

彼女とセックスをするためには、まず彼女のセックスに対する考え方を理解しなければなりません。

性行為に対しての考え方は、育った環境や性格などに大きく左右されるため、成人してから考え方が大きく変わることがあまりありません。そのため、どちらか一方が自分の性の価値観を押し付けると、抵抗が現れ、関係に溝を作る原因となります。

そのようなことを防ぐためにも、彼女のセックスに対しての考え方を可能な限り知りましょう。「理想のセックスの頻度」「自分から行動するタイプか、受身か」「されたいこと、されたくないこと」など、細かなところまで、性癖まで含めて知ることが、お互いが不幸にならないセックスを行うためには必要となるでしょう。

また、男性が女性のセックスに対する考えを知らなければならない理由に、「男女でセックスに対しての捉え方に違いがある」ことが挙げられます。

これは、男性の性行為が排泄欲を満足させる目的であることに対して、女性の性行為が精神的充足感を求めることが目的であるという違いです。

そのため、男性は射精（デトックス）が終われば性行為は終了であり、女性は初めのキスからピロートークまでがセックスであると性行為を捉えます。しかし、このような違いを互いが理解していなければ、男性は挿入や身体を愛撫して快感のみを追求しようとし、女性は直接的な性行為以外の時間を多く得ようとするでしょう。

何をもってお互いが満足しているのか理解できず、どちらか一方のみが満足して終わらないためにも、価値観の違いを理解して、セックスは恋人とふたりでするものであることを忘れないようにしましょう。

1-06 1st chapter : SEX is love certificate

童貞卒業に際しての心構え

　童貞を卒業するにあたって、もっとも大事な考え方は「童貞であることに対するコンプレックス捨てる」ことです。

　そもそも、童貞であるという負い目は、周囲や自分の親が非童貞であること（当然のことですが）や、自分の経験値を世間でいわれる「普通」に照らし合わせた結果によります。

　しかし、それはすべて他人の問題であり、セックスに対する価値観は人によって異なってよいものです。もちろん、童貞であることは何ら恥ずかしがることではなく、セックス経験者に対して無意味に卑屈になる必要もありません。

　また、「童貞だから女性に受け入れられない」「童貞だから馬鹿にされている」といった被害妄想のような状態に陥れば、それが人と接する際に表立ってしまい、逆に童貞状態から抜け出せないという負のスパイラルに陥るでしょう。

　童貞であることは、女性に対しても大きな問題ではなく、むしろ女性をとっかえひっかえしている遊んでいる男性に比べれば、各段によいイメージを女性に与えることも可能です。

　恋人がいる状態では、目の前の女性はあなたの味方で、あなたを愛しています。もちろん性欲もあるでしょう。

　そんな相手に卑屈な姿を見せることは、頼りない姿を晒すことに他なりません。

　童貞であることを否定するのではなく、童貞である自分を受け入れ、セックスは人として極自然な行為であると理解しましょう。

　女性は恐ろしい化け物などではなく、同じように人間なのです。

Column

心から彼女を愛そう

　セックスは、あくまでも最も愛する異性と繋がりたいという欲求の結果です。

　よくある勘違いで「セックスをするのだから、女性を気持ちよくさせてあげなければいけない」「イカせなければいけない」といったものがあります。

　しかし、それは順序が逆で、愛する者同士のセックスが気持ちがよいのであって、最初から快楽があるのではありません。

　彼女を気持ちよくさせたいのであれば、まずは彼女を心から愛し、心を込めてセックスしましょう。

　愛情の籠ったセックスが一番気持ちがよいのですから。

1-07 恋人との最初のセックスは慎重に

同じ相手とするセックスの大きな特徴として「はじめてのセックスと、2回目以降のセックスは大きく異なること」が挙げられます。

セックスは共同作業であるがゆえ、回数を重ねなければ互いの好みが分からず、そして回数を重ねるごとに満足度が高まるためです。

たとえば、はじめてのセックスで、いきなりグロテスクなバイブレータを持ち出したらどうでしょうか。おそらく、彼女はびっくりして、あなたを見る目が変わってしまうでしょう。

世のカップルの多くは、はじめはテンプレート通りのセックスを行い、2回目以降でプレイの幅を広げ、性癖を満足させるセックスを無意識のうちに行っています。

これは、はじめは失敗を避けるため、テンプレート通りのセックスを行い、特殊な性癖やプレイはパートナーとのセックスに慣れてからのほうが抵抗が少ないことによります。

もちろん、2回目以降のセックスでも、2回目なのだからと急に突飛なプレイを要求してしまえば、仮に好みが合わない場合パートナーを見る目が変わるでしょう。

そんなことを防ぐためにも、2回目以降のプレイについても、どのようなプレイを、どの段階で要求するのか考えるべきといえます。

このように、1回目のセックスでは万人受けをするテンプレートのセックスを、2回目以降からはお互いの好みを探りながら徐々に発展させることが、パートナーとのセックスを長続きさせるコツだと覚えておきましょう。

セックスまでのステップ

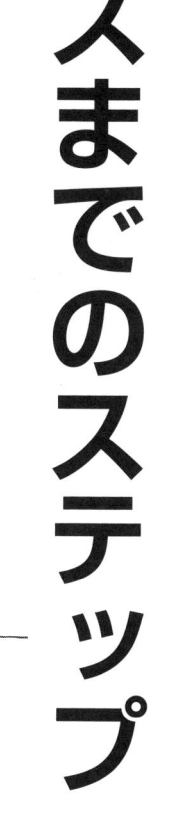

第二章

30歳の保健体育

health and physical education for over thirty
how to make love 夜の恋愛編

2nd chapter :
Steps to SEX

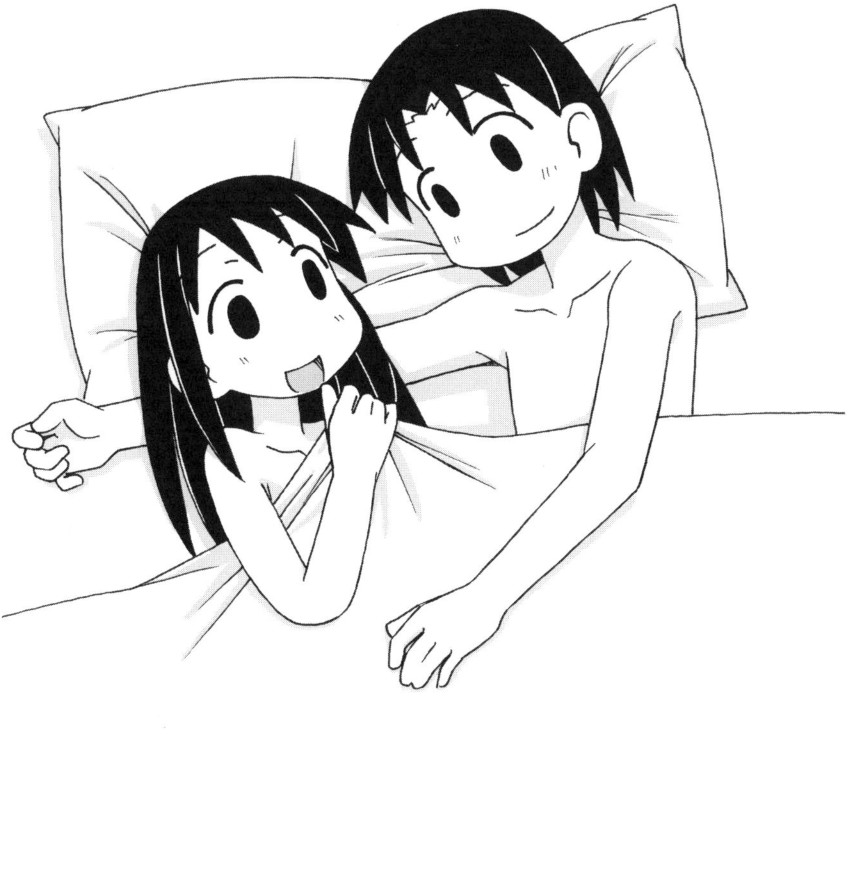

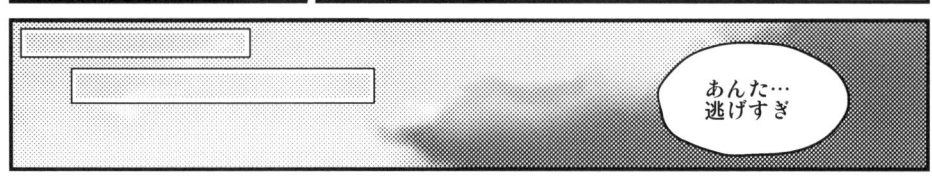

2-01 2nd chapter: Steps to SEX

health and physical education for over thirty
how to make love

セックスの場所を考える

　恋人とのはじめてのセックスにあたって、まず考えなければならないのが「する場所」です。
　主に場所として選ばれるのは互いの部屋かホテルですが、その場所の選び方によって、誘う順序やデートコースが変わります。

　セックスは、突然フラグが立ち、気がつけば致しているイメージがありますが、それでは不確定な要素が大きいものです。特に童貞の場合は、急に訪れるチャンスに対応できない可能性も大きくなってしまいます。

　そこで、セックスのチャンスを待つのではなく、まずはセックスをする場所を決め、デート中にあらかじめ決めたセックス場所を通過するようにデートプランを考えましょう。
　こうすることで、「この場所に誘ったから、セックスが視野に入る」と心の準備ができ、ひいてはセックスに至るまでの主導権を自分で持つことができるので、うろたえることがなくなります。

Column

health and physical education for over thirty
how to make love

セックスまでのデート回数

　セックスまでのデート回数は、場所と同じく先に決めておくと、いざセックスに至るときに心の準備になります。付き合いはじめてからのデート回数とセックスまでの期間をあらかじめ設定しておけば、デートの回数から逆算して、セックスをするタイミングを測ることができ、突然のセックスチャンスにうろたえる心配がありません。

　また、世間のカップルがセックスまでにどれくらいデートをするのか、期間の基準を知れば、「そろそろセックスをする時期かな」といった心構えにつながります。
　おおよその目安としては、セックスまでのデート回数が5回程度、交際期間では、2ヵ月から3ヵ月を考えればよいでしょう。その期間内にセックスの場所と合わせて設定すれば、無理なくデート計画を組み立てることができ、彼女にとってもセックスを意識しやすく、自然な流れでセックスに持ち込むことができます。

　もちろん、カップルによって差はありますが、はじめてのデートで迫ったり、特別な理由がない限り、付き合って何年も肉体関係がないのも、大多数のカップルの基準からは外れているといえます。あくまでも平均的な数字でスケジュールを組むことが無難です。

2-02 2nd chapter: Steps to SEX

セックスとデートコース

　ここでは、具体的なセックスに至るためのデートコースについて考えてみましょう。
　セックスする場所は、先に説明したように、互いの家かホテルです。これらの共通点は、密室である点です。
　もちろん、いきなり密室空間に入るのは、お互い抵抗があるもの。そこで、密室でふたりきりになる抵抗感を薄めることが必要となります。

　具体的には、映画館で集団の中にいつつも、ふたりきりに近い時間を共有したり、レストランで、近い距離に座って食事をとることなどが挙げられるでしょう。

　セックスを前提としたデートコースを設定するためには、まずはセックスをする場所に行かざるを得ないシチュエーションをデートの中に作ることと、ふたりきりの雰囲気に慣れるようなデートコースを作るのが重要です。

　そのため、互いの家でセックスをする場合には、家に行く用事を作ることが求められ、ホテルでセックスをしたい場合は、ホテルに立ち寄りやすいようにデートコースを組み立てなければなりません。そして、その前段階として、映画館やレストランを利用します。

　もちろん、ホテル街をわざわざ歩いたり、用もないのに自宅周辺でデートをするのは不自然ですが、登山のデートでセックスできないことが自明であるように、セックスできる場所から完全に離れた場所でのデートでは、セックスのチャンスが訪れないことを忘れないようにしましょう。

Column

health and physical education for over thirty
how to make love

時間によるセックスへの持ち込み確率

　セックスに持ち込めるかは時間にもよります。動物は日の明るいうちに交尾を行いますが、ヒトは日の暗いときにセックスします。
　そのため、セックスを考えてデートコースを組み立てるのであれば、誘うタイミングを、夕方から夜に設定する必要があるといえるでしょう。

2-03 セックスを前提とした身だしなみ

　セックスを前提したときの身だしなみは、普段のデートの身だしなみとは少し異なります。これは、文字通り「裸の付き合い」となるため、普段見られない場所にまで目が届くことや、距離が近づくことで、普段は気にされない些細なポイントが目立ってしまうからに他なりません。

　具体的なセックスを前提とした身だしなみが求められるポイントは、爪、性器の汚れ、体臭、そして口臭が挙げられます。
　爪を切ることは、相手に不潔な印象を与えないようにするだけでなく、女性器や乳房といった女性のデリケートな部分に触れる際に傷つけてしまうのを防ぐためです。
　また、手の指だけでなく、足の指も、足を絡ませるときにひっかく恐れがあるので、忘れず処理をしましょう。
　足の指については、爪垢をとり忘れることがあるので注意します。足の爪垢は見た目の不潔さだけでなく、臭いの原因にもなるので、爪の間の垢はきちんと掃除しましょう。
　性器の汚れについては、普段から清潔に保っている人にとっては問題ありませんが、仮性包茎などで、普段きちんと洗っていない人は要注意です。特に、恥垢は一度洗っただけでは全て取れなかったり、臭いが残ってしまうことがあるので、性病を防ぐためにも普段から清潔にしておきましょう。
　体臭は、普段はデオドラントなどで誤魔化していても、セックスのときには目立つことがあるので気をつけます。耳の裏や、ワキ、股などは特に臭いの原因となりやすいので、セックスをする前には必ず清潔にしましょう。

Column

口臭ケア

　セックスの際にはキスや愛撫で口を使うことが多いので、口臭に特に気をつける必要があります。口臭を防ぐためには、ハミガキはもちろんのこと、前の日に臭いの強いものを食べないように注意しましょう。
　また、飲み過ぎや胃炎などで胃が荒れている場合も口臭が強くなりやすいので要注意です。
　歯垢や口の中自体からの臭いを防ぐためには、こまめにフロスをしたり、舌ブラシで舌からの臭いを防ぐことも重要です。
　また、臭い玉といわれる、膿栓が溜まりやすい体質の場合は、こまめに膿栓を取ることも口臭を防ぐ予防になります。

2-04 家に彼女を呼ぶ場合

ここからは、彼女を自分の家に呼ぶ場合について考えます。

外でのデートと異なり、自分の部屋に呼んで、密室でふたりきりになれば、セックスに非常に近づけます。

彼女と密室でふたりきりになると当然緊張しがちになります。が、勝手を知る自分の部屋であれば、心にゆとりを持って立ちまわることができるでしょう。

そのため、緊張することが予想される、彼女とのはじめてのセックス時には、言葉通り「ホーム」である自分の部屋に彼女を呼ぶことがハードルが低いといえます。

しかし、自分の部屋に彼女を呼ぶ場合、その部屋が彼女にとって居心地のよい場所でなければ、セックスまで進むことはありません。部屋の状況によっては、幻滅させてしまうリスクもあります。

彼女を部屋に呼ぶ場合には、彼女の立場に立って部屋を準備する必要があります。具体的には、部屋の掃除から、ソファやクッション、飲み物の準備などが挙げられます。

また、彼女を部屋に呼ぶ場合は、彼女にどのように応対するかも考えなければなりません。心地よく自分の部屋の時間を過ごせるように、服をかけてあげたり、座る場所を促すなどすれば、イメージはぐっとアップし、部屋での居心地もよくなるでしょう。

そして、居心地がよいと彼女に感じさせれば、セックスまで進むチャンスもアップするのです。

Column

彼女に送ってもらう!?

食事会や飲み会などで飲み過ぎ、具合が悪くなり、自宅まで介抱のため誰かに連れ帰ってもらえば、容易に家に人を招くことができます。

付き合っている女性であれば、具合の悪くなった彼を家まで送り届けてくれるものです。

このようなシチュエーションは、避けたいものではありますが、油断や不注意でイベントが発生したときには、いっしょに家まで帰ることもよいでしょう。

もちろん、わざと飲み過ぎて体調を崩したり、家に入るなりいきなり豹変して襲いかかるのは論外です。

しかし、不可避な場合はどんな家に住んでいるかを見せる機会になるでしょう。

2-05 家に彼女を呼ぶためのステップ

ここでは、自分の家に彼女を呼ぶ方法について考えてみましょう。
　自宅に彼女を呼ぶ方法は大きく分けて「デート途中での立ち寄り」「自宅デート」「お泊り」の3つに分類できます。

　それぞれのパターンごとの特徴や手順については次ページをご覧いただき、ここではどのようなステージに立つと、彼女を家に呼ぶことができるのかということを考えてみましょう。

　まず、彼女が家に来るどのパターンを考えても、そこには彼氏の家に行く抵抗感が薄れていることが必要になります。そして、抵抗感を拭うためには、普段のデートの中で、家に呼び込むためのフラグを立てることが求められます。

　彼女が家に抵抗なく来られるようにするには、「明日は俺の家で」というようないきなりな持ち込み方をしてはいけません。最初の段階では、日時を指定せず「今度、家に来ない？」のような、特定の予定ではなく「いつか」彼氏の家に行くことを示唆するようにして、家に来て欲しいことをアピールすることが重要です。

　家に来て欲しいことを彼女に伝えたら、次は「どのような場所に住んでいるか」を日々の会話の中で伝えることが重要です。どのような家に住んでいるか、何が置いてあるかなど、会話の中から少しずつ伝えることで、知らない場所に行くことに対する抵抗感が大きく薄れるでしょう。

　家の中のイメージを伝えるために、他には、携帯電話でさりげなく自室の写真を添付したり、ビデオチャットができる環境であれば、家の中を写して相手に見せるなども有効です。このような方法を取ることで、「遊びに行くであろう彼氏の家はこんな風なんだ」と家に来ることに対するハードルを下げ、スムーズに家に呼ぶことができます。

2-06 2nd chapter: Steps to SEX

health and physical education for over thirty
how to make love

彼女を呼ぶための口実

　彼女を家に呼ぶための口実は、「デート途中での立ち寄り」「自宅デート」「お泊り」の3つと前ページで説明しましたが、ここでは家に呼ぶための細かい理由付けについて考えてみましょう。

■ デート途中での立ち寄り

　この3つのパターンでもっとも実現しやすいのは、デート途中での立ち寄りです。これは、忘れ物をいっしょに取りに帰るなど、急きょ家に帰らなければならないイベントが起こったときに家に呼ぶことができるパターンです。

　しかし当然のことながら、デート途中で家に来た場合は、すぐに元のデートコースに戻るためセックスには繋がりません。しかし、この方法は前ページで説明したような、どんな家に住んでいるのかを伝えるためには有効です。最初にデート途中で家に寄り、次回のデートで家に誘えば、それが布石となってスムーズに家に呼ぶことができるでしょう。

■ 自宅デート

　自宅デートについては、標準的なパターンながらもっとも理由付けが必要なパターンです。自宅デートを行うための口実は、「彼女の料理が食べたい」「いっしょに掃除をしたい」「ゲームやDVDをいっしょに見る」「勉強をいっしょにする」などが一般的です。

　これらを見て分かるように、家に誘うための口実は、趣味や本人の様子がしっかりとコミュニケーションによって伝わっていないと誘いづらいものばかりです。
　つまり、家デートには、「家でしか行えない、したいことや好きなこと」を伝える必要があるのです。そのためにも、日々の会話の中で共通のインドア趣味や、いっしょにしたいことを伝えることがよいでしょう。

■ お泊り

　泊まりデートは、強くセックスを意識させるので、口実を作ることが難しいパターンでもあります。それでも、あえて理由を付けるのであれば、「少しでもそばにいたい」のような、添い寝イメージを伝えることがよいでしょう。
　セックスをしたいことは明確に伝わるかもしれませんが、「私はあくまでも添い寝のために泊まりに行くんだ」という女性側にとっての免罪符になります。

2-07 2nd chapter: Steps to SEX

health and physical education for over thirty
how to make love

部屋の掃除

　彼女を自分の部屋に呼ぶ前に、必ず行わなければならないこと。それは掃除です。来客時には誰でも行うであろう掃除ですが、女性が家に来るときに気がつくポイントは、男性とは少し異なるので注意が必要です。

　また、ここでいう掃除とは、大掃除のような、家すべてを磨き上げるものではなく、最低限の整理整頓です。部屋を清潔に保つにこしたことはありませんが、神経質に部屋を掃除する必要もありません。
　むしろ、適度に掃除をして、生活感を残すほうが、彼女にとっても、「家に遊びに来た」という気持ちにさせることになります。

　そうはいっても、あまりに汚い部屋では彼女を幻滅させてしまうでしょう。彼女を家に呼ぶにあたって、最低限掃除をしなければならないポイントは、「床」「水周り」です。

床掃除

　床掃除の大前提は、物が床に直接置いていない状態にすることです。清潔な部屋であっても、物が床に直接散乱していると、不潔なイメージを与えます。もちろん、お菓子のゴミや、カップめんのゴミなど、食べ物関連のゴミが放置してあることも不潔な印象に繋がるので要注意です。

　また、その他の床掃除のポイントとしては、毛を綺麗に掃除することが挙げられます。男性は陰毛が長く、落ちやすいので、部屋の隅々まで掃除機をかけて、毛ゴミを残さないようにしましょう。

水周り

　水周りについては、台所、トイレ、風呂、洗面台です。この中でも特に注意しなければならないのは、トイレです。トイレは少しずつ汚れていくため、自分では汚れに気が付きにくく、洋式便所で立って小便をする男性の場合は尿汚れがつくため、要注意です。

　その他の水周りについては、水垢を取ること、排水溝周りに溜まったゴミをしっかりと掃除することを忘れないようにしましょう

2-08 あると便利なインテリアグッズ

彼女を家に呼ぶにあたって、あると便利なものがあります。ここでいう「あると便利」とは、「あるとセックスに持ち込みやすい」ということです。

ソファ

ふたり掛けのソファは、彼女の座る場所を確保できるだけでなく、座った状態から手を触れることや、肩を抱き寄せるときに役立ちます。また、床やベッドに比べて、座ることに対する抵抗感が少ないことも、彼女の警戒心を解くことに役立つでしょう。

ベッド

ベッドは寝るだけでなく、ソファの役割りも果たせます。布団は、床と同じ高さで寝床のイメージが強いですが、ベッドは段があることで座りやすいイメージがあります。そのうえ、ふたりの距離を縮めることができるので、身体に触れたり、添い寝に持ち込みやすいといえるでしょう。

ただし、同じベッドでも、ロフトベッドについては、腰掛けやすい高さではないことや、ふたりで寝るには強度に不安が残るので避けましょう。

ラグ

ベッドがある場合も、ない場合も、ラグはセックスに近付く手助けになります。ベッドに座ることに抵抗のある場合も、ラグがあれば、ベッドと同様の触れ合いが期待できます。

Column

座る場所の確保をしよう

彼女を呼ぶにあたっては、まずは座る場所を確保しましょう。彼女の座る場所が自分と近ければ近いほど親密度はアップします。

たとえば、自分だけがイスに座り、彼女が床に座っていては、物理的な距離が生まれてしまい、最終的にセックスに至るような触れ合いには至りません。

そのようなことを防ぐためにも、ベッドやソファ、クッションをはじめとした、自分のそばに彼女が座る環境を用意することが、彼女を部屋に招く前に必要となるのです。

2-09 2nd chapter : Steps to SEX

health and physical education for over thirty
how to make love

彼女が来たときの対応方法

彼女が家に来るということは、男友達が来るのと大きく異なります。対応によっては、好印象を与えることが可能なので、部屋に入ったときから気遣いを忘れないようにしましょう。

部屋

人は、はじめての部屋に入ったときに、すぐに居場所を見いだせず、立ち尽くしてしまうもの。「適当に座って」や「ソファに座っていいよ」など、座る場所を促してあげましょう。

設備の案内

見慣れた自分の部屋も、他人にとってははじめての場所です。トイレや洗面台の場所が分からないので、「こっちがトイレで、こっちが洗面台」のように、軽く部屋の設備の場所を説明してあげることもよいでしょう。

また、自分の家、他人の家を問わず、家に上がった後に手を洗いたい女性もいるので、まずは洗面台の場所を「手を洗うなら、ここが洗面台」のように、先に教えてあげるのも手です。

服

冬や肌寒い季節には、上着を着ています。部屋に上がるときには上着を脱ぐので、脱いだ上着をハンガーにかけることを忘れないようにしましょう。ハンガーラックなどがない場合は、カーテンレールで代用ができます。

Column

health and physical education for over thirty
how to make love

女性の服は繊細

女性の衣類は、男性の衣類に比べて繊細です。

ビーズの刺繍やリボンなどの装飾の他、シワになりやすい生地で作られた女性の服は、扱い方によって簡単に傷んでしまいます。

特に、彼氏の家に上がるときは勝負用のデート服である場合が多いものですが、そのような服に限って繊細なので、脱いだときにはハンガーなどにかけてあげましょう。

もちろん、セックス時に上着以外の服を脱いだときも、丸めて置くのではなく、簡単でもよいので畳んであげることが望ましいといえます。

2-10 2nd chapter: Steps to SEX

もてなしは飲み物から

来客に飲み物を渡すのは、彼女が相手の場合でも同じです。

彼女が家に来たら、まずは飲み物を渡しましょう。もちろん、何もティーセットでお茶を淹れたりする必要はありません。あくまでもさりげなく、喉の渇きを解消できる程度の飲み物を用意します。

渡す飲み物は、ペットボトルのお茶やパックのお茶で十分です。これらの飲み物を出すときには、普段はラッパ飲みであっても、必ずグラスに注ぐようにしましょう。

また、普段からデート中にペットボトルの回し飲みをしている場合であっても、最初のもてなしの意味でも、別々のグラスに注いであげましょう。

また、デート中に買ったペットボトル飲料の残りがある場合は、「さっき買ったのが残ってるけど、冷蔵庫にある冷たいのを飲む？」のように、新しいものが欲しいか聞いてから出すようにします。

Column

食事とセックスの関係

食事を共にするということで警戒心を下げることができるといわれています。

これは、セックスと食事は似たレベルの行為であるため、食事をする仲であれば、セックスに至る可能性もまた高いということです。

しかし、食事がセックスに及ぼす影響はそれだけではありません。

恋人との食事は、それ自体が仲を深める効果があります。間接キスや、ひとつの皿を共有して食べること、いっしょに料理を作るといった、ひとつの行為を共有することで仲が深まり、それがセックスに繋がります。

また、食事後には気持ちが落ち着き、眠気を感じやすいため、添い寝に繋がりやすく、そこからセックスに発展する可能性も十分にあるでしょう。

食事を共にすることが難しい場合には、おやつでも同等の効果を得ることが可能です。いっしょにホットケーキを作る、ケーキを買って家で食べるなどして、彼女との距離を縮めましょう。

2-11 セックスまでのタイムスケジュール

2nd chapter : Steps to SEX

health and physical education for over thirty
how to make love

　もし何度かデートを重ねて、いよいよセックスがスケジュールの目的になったならば、部屋に彼女が入った瞬間から予定を組み立てましょう。

　セックスは、彼女が家に来たとしても、必ずできるものではありません。特に、泊まりではなく、遊びに来た場合は、なかなかタイミングが掴みにくいものです。

　そこで、偶然のチャンスを待つのではなく、はじめからセックスを視野にいれたスケジュールを考えましょう。

　セックスに至るためのスケジュールの組み立ては、食事やおやつに左右されます。

　物を食べることがセックスに繋がることは、前ページのコラムで説明した通りなので、それらを核にスケジュールを考えましょう。

スケジュール組み立て例

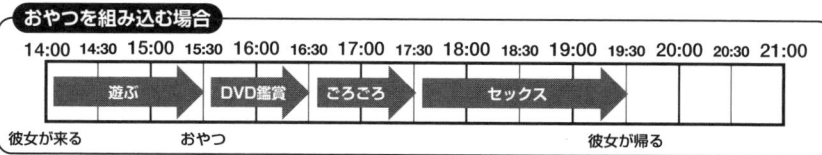

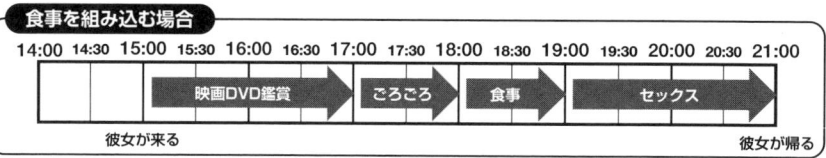

Column

health and physical education for over thirty
how to make love

勝負部屋着の準備

　普段、ヨレヨレのシャツをパジャマの代わりに着ている人は要注意です。特に、デート中には気合の入った服で、家に帰ったらすぐに部屋着やパジャマに着替える人の場合、彼女を幻滅させることにもつながりかねません。

　また、彼女はデート時に気合の入った服を着ていることが多いため、自分だけだらしない部屋着に着替えてしまうと、みすぼらしさが強調されます。

　彼女が泊まりに来るときはもちろんのこと、自宅で部屋着に着替える習慣のある人は、ある程度見栄えのよいものを用意しましょう。

　そのような、いわば勝負用のパジャマは、ブランド物のパジャマである必要はありません。ヨレていないTシャツに、けば立っていないジャージなどで十分です。

2-12 Steps to SEX

彼女が泊まる場合の準備

彼女が泊まりに来る場合は、日中に遊びに来る場合とは準備しなければならない物が異なります。

もちろん、男友達が泊まりに来る場合とも異なるので注意しましょう。

歯ブラシの用意

泊まりに来ることが分かっている場合は、彼女用の歯ブラシを用意しましょう。

あらかじめ購入しておくだけでなく、家に向かうコンビニなどで購入するのもよいです。

ベッドの掃除

枕カバーの黒ずみ、抜け毛が落ちているのは問題です。布団も干して清潔に。

また、ベッドサイドにティッシュを置いておきましょう。

朝ご飯の用意

意外と忘れがちなのが、翌朝の朝食です。前日のうちに、ヨーグルトやパンなどを家に向かう途中で購入しましょう。

シャンプーやリンスの準備

普段の洗髪でシャンプーしか使っていない場合は、リンスを用意しましょう。大きなボトルをわざわざ買う必要はないので、先にリンスがないことを伝えて、旅行用のを持ってくるのを伝えてもよいでしょう。

Column

すっぴん

彼女が泊まれば、当然化粧を落とします。

大抵の場合、いっしょの夜を過ごさない限りは、彼女が化粧を落とした顔を見たことはないはずです。

もちろん、大抵の女性は、付き合っている男性に、素顔を見せることには抵抗があるもの。彼女の素顔がどの様なものであれ、彼女には変わりありません。

すっぴんを見せてくれるまでの仲になれたことを大切に捉えましょう。

2-13 2nd chapter: Steps to SEX

health and physical education for over thirty
how to make love

彼女の家に行く場合

次に、彼女の家に行くことを考えてみましょう。
自分の家に彼女を呼ぶ場合との違いは、人の家であるため、行動のイニシアチブを取りにくい点です。

はじめて訪れる家は、何をするにも遠慮がちになりやすいものです。そうすると当然行動が後手に回り、ペースを掴めません。
そのため、彼女の家でも普段のデートと同じように雰囲気を作らなければ、態度がよそよそしくなり、セックスが遠ざかります。

しかし、自分のペースを掴むといっても彼女の家は他人の家です。慣れた仲であっても、最低限の礼儀を怠れば、ここで彼女の信用を失ってしまいます。

また、自分の家では普通に行っているような行為が彼女に不快感を与える場合もあるので注意しましょう。
たとえば、汚いジーンズでベッドに上がったり、トイレのドアをあけたまま用をたすなどの行為は、彼女に「本性を表した」といった印象を与えかねません。

反対に、彼女にとっては慣れた自分の家なので、緊張が和らぎます。そのため、雰囲気さえしっかり作ればセックスは順調に進むでしょう。

Column

health and physical education for over thirty
how to make love

家に行くときは服装に気を付けよう

彼女の家に行く際に気を付けなければならないのは、自分の服です。
ダメージジーンズや裾を引きずったズボン、素足では、ベッドはおろか、家にすら上がって欲しくないと思われてしまう可能性があります。
彼女の家に上がるのであれば、いつも以上に服装の清潔感には気をつけましょう。
デートでは許される格好でも、家に上がる際には許されない格好があります。

2-14 2nd chapter: Steps to SEX
彼女の家に行くまでのステップ、口実

health and physical education for over thirty
how to make love

　ここでは、彼女の家に行く場合の理由について考えてみましょう。
　自分の家に呼ぶ場合と異なり、よその家に行く場合は、なかなか主導権をとりにくいもの。しかし、理由さえしっかりしていれば、スムーズに彼女の家に上がることも可能です。
　彼女の家に上がるために効果的な理由付けで代表的なものは以下の通りです。

本／DVDなど、興味のあるものをきっかけに

　本やDVDをはじめ、互いの趣味に関係したものの貸し借りや、見せてもらうことを理由にする方法です。ものを借りれば、必ず返却しなければなりませんから、再度彼女の家に訪問することもできるでしょう。

買い物

　女性にとって、ソファや棚など大きなものの購入は、持ち運びに困るもの。そんなとき、彼女の荷物を運びいれる手助けをすれば、それを口実に家まで上がることができます。もちろんそのような手助けをすれば、彼女にとっては恩義を伴うので、手料理をはじめ、ラッキーな展開も期待できるかもしれません。

セッティング

　PCのセッティングやDVDデッキの接続をはじめ、セッティングを口実に彼女の家に上がる方法です。彼女がデジタル機器を購入したのであれば、セッティングを手伝いたいことを伝えて家を訪問しましょう。機器のセッティングも買い物の手伝いと同様に、恩義が伴うため次の展開を期待できます。

複数で上がる

　彼女と共通の友人がいるのであれば、鍋パーティなどの集まりを通じ、複数人で彼女の家に上がるのも有効です。他人がいると恋人同士の時間にはならないように思うかもしれませんが、パーティが終わった後に自分だけ残れば、ふたりきりの時間を過ごすことができます。

2-15 彼女の家で過ごす時間

彼女の家は、自分の家とは勝手がまったく違います。

自分の家であれば、その場に応じて何らかの時間つぶしを考えることができますが、初めて行く家ではそうはいきません。

そのため、彼女の家に行く際は、ただ漠然と行くのではなく、何らかの目的を持って行くほうが、気まずくなりにくいといえます。

たとえば、彼女の家に行く途中でケーキを購入して彼女の家で食べることや、料理をすること、映画のDVDをレンタルしたりしてもよいでしょう。

そうして、あらかじめ仕込んだ弾で時間を稼ぎ、彼女といっしょの時間を共有すれば、新密度も高まり、セックスに近付くことができます。

また、彼女の家でのNGな時間の使い方として、読書が挙げられます。読書はお互いが違う本を読むため、同じ空間を共有するものの、時間を共有できません。

そのため、同じ部屋にいるにも関わらず、親密な雰囲気になりにくくなってしまうので注意が必要です。

Column

困ったときのDVD鑑賞

DVD鑑賞は、彼女の家、自分の家を問わず、家デートでの王道です。

2時間近くの時間をいっしょに過ごすことができ、特に会話の必要もないため、気負わずに親密になれるでしょう。

また、映画館気分でDVDを見るといって部屋の明かりを暗くすれば、触れ合うハードルも下がります。作品の中盤から後半にかけて、手を繋いだり、肩を抱き寄せ、映画終了後も明かりを付けず、そのまままいい雰囲気になればセックスに持ち込むことも可能でしょう。

2-16 まずはベッドに上がることから

　自分の家に彼女を呼ぶだけではセックスに至らないのと同様に、彼女の家に上がるだけではセックスへという流れにはなりません。彼女の家でセックスに至るには、「ベッドに上がる」ことが求められます。

　もちろん部屋に上がるなり、いきなりベッドに上がることはできません。部屋に入った段階で、まずはベッドに座ってよいか彼女に聞き、彼女と横並びのポジションを取れるようにしましょう。

　部屋の中で自分の居場所をベッドに固定するには、たとえば本などを手に取るときなど、何をするにしてもベッドの上に戻るようにします。そうすることで、彼女が自然と自分の横に座るようになるでしょう。

　部屋の居場所をベッド上にする際の注意点としては、飲食が挙げられます。ベッドの上で普段からものを食べたり飲んだりしていない人の場合、それらの行為を他人がベッドですることに抵抗感を持つものです。

　おやつや飲み物が出てくるときは、必ず一旦ベッドから降りてテーブルで飲食するようにしましょう。

Column

コンドームの事前準備

　「コンドームを付けない男は挨拶ができないのと同じだ」と誰かが言ったように、避妊具の用意は男性の責任です。「その場の流れでセックスをしたからコンドームを持っていなかった」は言い訳になりません。

　セックスをするしないに限らず、彼女ができたらコンドームを購入し、室内のどこかに置いておきましょう。もちろん、ベッドサイドに最初から用意していると、セックスすることばかりが頭にある男性だと思われてしまう可能性があるので注意しましょう。

ラブホテルを利用する場合

ラブホテルは、セックスを目的とした特殊な場所です。そのため、ラブホテルにさえ入ってしまえば、セックスに持ち込むことができる可能性が高いといえます。

誘うときの心構え

しかし、ラブホテルに入ろうと誘うことは、「セックスをしましょう」と言うことと同じです。誘う側からすると、切り出すハードルが高いといえるでしょう。

もちろん、彼女にとっても、急に「ラブホテルに行こう」と言われても、心の準備が整っていなければ戸惑いに繋がります。

互いの家に誘うのであれば、部屋に入ってから雰囲気を盛り上げてセックスへ移ります。しかし、ラブホテルの場合は、誘った瞬間には彼女もセックスをする心の準備ができていなければなりません。

誘ったときに、彼女の心の準備が整っていなければ、「まだそんな関係じゃないのに」と取り返しがつかない結果を招きかねないため、細心の注意が必要といえるでしょう。

また、はじめての相手とのセックスは男女共に緊張するもの。そしてラブホテルは「セックスをする場所」なので、部屋に入った瞬間どころか、部屋に向かうエレベータの中からお互いが緊張してしまいます。

そのため、ラブホテルに入ってからも、男性が彼女をリードして緊張をほぐし、彼女がセックスしやすい状況や雰囲気を作らなければなりません。

値段と支払い

値段については、休憩が5000円程度からです。カード払いができない場合もあるので、あらかじめ現金を用意しておきましょう。

支払方法については、ホテルに入る前にフロントのスタッフへ手渡しする場合や、フロントにある機械で支払う場合と、部屋を出るときに、室内に取り付けられた、駐車料金を支払うような機械にお金を投入して支払いをすることが一般的です。

2-18 2nd chapter: Steps to SEX

ラブホテル利用の難易度

互いが実家暮らしであれば、ラブホテルを利用して彼女とセックスをすることが現実的です。もちろん、ひとり暮らし同士のカップルでも、ラブホテルでセックスをする機会もあるでしょう。

ここからは、ラブホテルの利用について考えます。

結論からいえば、ラブホテルに入るのは、お互いの家に行くよりも難易度は高いといえます。これは、ラブホテルが「セックス前提の場所」であることによります。

互いの部屋であれば、すぐにセックスとはなりませんが、ラブホテルではそうはいきません。そのため、男性は誘うのに勇気が伴い、女性にとっても、セックスの覚悟をする必要があるのです。

しかしその一方で、ラブホテルはセックスをする場所であることから、その場所までたどり着けば、セックスの可能性は非常に高いともいえるでしょう。

もちろん、ラブホテルまで彼女が着いてくれば、彼女も当然セックスをするものという理解があるもの。そのため、ラブホテルに行けるかどうかは、彼女とセックスができる関係に達しているかを測る指針にもなるといえるでしょう。

Column

車を持っていると有利？

ラブホテルに行けるかは、車を持っているかにも左右されます。

特に、郊外在住の場合は、ラブホテルまでの交通手段がないため、車を持っているかが非常に重要になるのです。

都心に住んでいる場合も、車があれば、ドライブデートの途中でホテルに入ることができるため、ラブホテルに入れる確率はアップするでしょう

また、ラブホテルは、入るときの人目が気になるもの。しかし、車で入れば人目を気にしなくて済むので、ラブホテルの利用にとって車は強い味方となるでしょう。

2-19 ラブホテルの立地条件と値段

ラブホテルは、大きく分けて郊外型ラブホテルと都心型ラブホテルがあります。

郊外型ラブホテル

郊外型ラブホテルは、主に高速道路沿いや幹線道路沿いにあるもの。近くには店などもないことが多く、車でラブホテルまで乗りつけて利用します。

外見は一目でラブホテルと分かるものが多く、設備に関しても派手で「いかにも」な古き良きラブホテルが多い傾向があります。

都心型ラブホテル

都心型ラブホテルは、繁華街近くにあり、ホテル街と呼ばれる場所にある類のラブホテルです。ホテル同士の競争率が高いため、オシャレで綺麗なホテルも多く、設備も最新であることが多い傾向にあります。

値段

料金に関しては、郊外型、都心型を問わず、金額が部屋の質に比例しますが、比較的、郊外のホテルの方が安いことが多いです。

また、料金が高く、設備が最新のホテルであるとうたっていても、掃除が行き届いておらず汚いことも稀にあるので、あらかじめ狙いを付けたホテルを、ネットなどで下調べしておくと失敗しません。

Column

入る前に飲み物を買おう

ラブホテルの冷蔵庫には飲み物が入っていますが、種類は少なく、1本500円など高価です。軽食に関しても、ルームサービスはあるものの、種類は限られてしまいます。

そこで、最初からホテルを利用することが分かっている場合には、あらかじめ飲み物や食べ物を購入して入ることもよいでしょう。

特に、セックス目的だけでなく、レジャー目的も兼ねてラブホテルに行くのであれば、カラオケやプール、ゲームで遊び、丸一日ラブホテルで過ごすことになるので、禁止されているのでなければ「持ち込み」をお勧めします。

ラブホテルの設備

　ラブホテルの設備は、一般的なホテルと大きく異なります。ここでは、一般的なラブホテルの設備について紹介します。

ジャグジー

　ラブホテルのバスルームは、一般的なビジネスホテルに比べて広いものです。バスタブが大きいだけでなく、ジャグジーが備えられているタイプが一般的です。
　また、壁テレビが埋め込まれていたり、電気の明るさを調整することもできます。

調光

　ラブホテルでは、一般的なホテルに比べ、部屋の明るさを細かく調整できます。また、設備によっては、ランプの色を変更することも可能です。

音楽

　ラブホテルの多くで、有線放送が流れています。自室の音を完全に消すと、喘ぎ声を含めた隣の部屋の音が聞こえてくることもあるので、注意が必要です。

ゲーム／カラオケ

　ゲームやカラオケといった、遊ぶことができる設備も、ラブホテルならではです。しかし、部屋に入って、即ゲームやカラオケで遊ぶと、セックスをするきっかけが掴めなくなるので、遊ぶのであれば事後にしましょう。

Column

普通のホテルのショートステイ

　今では、有名シティホテルをはじめ、多くのビジネスホテルで、正午〜夕方だけ部屋を利用する、ショートステイプランが用意されています。
　普段は手が届かない高級ホテルも、ショートステイであれば、安価な料金で利用することが可能です。

　また、普通のホテルのショートステイは、ラブホテルと異なり、利用に際してのハードルが低く、人目も気にならないという利点があります。
　ただし、ラブホテルではないので、コンドームの用意は忘れずに。

ラブホテルでの雰囲気作り

　彼女とラブホテルに入れば、セックスまではあと少しです。
　ここでは、部屋に入ってからスムーズにセックスに持ち込むための雰囲気作りについて考えてみましょう。

　彼女にとって、まだセックスをしたことがない彼氏とラブホテルに入るということは、大きな緊張の種となります。
　セックスをするであろうという想像はできるものの、いざ部屋に入ると、緊張は頂点に達し、自分からは行動できなくなることもあります。
　そこで、ラブホテルに入ったら男性が積極的にリードするようにすることが、彼女の緊張をほぐすことに繋がるでしょう。

❶ 部屋に入ったら
　部屋に入った直後は、お互い緊張するものです。そこで、まずはソファかベッドに腰かけ、たどたどしくでもよいので、部屋の中の感想など、とにかく会話をしましょう。

❷ 男性が先にシャワーを浴びる
　ある程度、部屋に入ってから時間が経ったら、シャワーを浴びます。
　このとき、男性が先にシャワーを浴びることを伝えれば、それはセックスをしようと暗に伝えることに繋がります。
　また、男性のシャワーを待っている間、彼女はひとりで待つことになるので、その間にセックスに対して心を整理することができ、スムーズなセックスに繋がります。

❸ 女性がシャワーを浴びている間に部屋の明るさを調整する
　女性がシャワーを浴びている間に、部屋の明るさを調整しましょう。そうすることで、女性がシャワーから上がった直後から、セックスをはじめられます。
　明るさの目安は、真っ暗ではなく、目を凝らせばお互いの表情が見られるくらいがよいでしょう。

第三章
30歳の保健体育
health and physical education for over thirty
how to make love 夜の恋愛編

3rd chapter :
The first SEX

はじめてのセックス

可愛いよ…
綺麗だ…
俺の瞳の中だけに
閉じ込めてしまいたい…
もっと
情熱的に！
殺し文句は
目を見て言う！
好きだよ…
田中…
って誰だ
こいつは――!!
ああっ！
練習用ドール
北極ちゃんが！
神ならもっと
クオリティ高いの
用意しろよ!!
チッ…
しょうがないわね
これでどうよ
さぁ次は
服脱がす練習よ！
情感込めてね！
服だけソックリに
しやがって…!!
服くらい問題なく
脱がせられるだろ…
…ん？
どうなってんだ？
デートの時に
着るような服は
複雑だったりするから
破いたりしないよう
細心の注意を払うのよ
もたもた
ちっさいチャックだな
結構めんど
くさいんだな…

それを剥いて
いけるのも
恋人の特権
だもんな！
俺のために
おしゃれする
田中！可愛い！
ひゃっほおおう
ハイ
やる気が出た
ところで
そーいうこと言わない
あんたのために
着飾ってるんだから
確かに…
次はそういうわけに
いかないから
しっかり練習するわよ
ピシッ
コンドームの
装着！
くっ！
難しいな…！
ブラホック
外し100回ね
まぁ無理だったら
彼女に外して
もらいなさい
パチン
パチン
ヘイ!!
スタンダップ!!
いやあああああ
…などと
散々な目に遭いながら
本番に備えたというのに
そ…それは…
いくら俺とお前の
関係でもさすがに
恥ずかしいっつーか…
ひとりで練習
しますっつーか…
にじり…
にじり…
今更
何言ってんの
ほら脱いで

あ…これ
フロント
ホックで…

所詮練習は練習
本番に活かせるかは
別問題

うわぁぁぁ
あぁぁぁ

俺はとっくに
テンパって
我を忘れていた…

ガーン

そ…
そう…

山田君!

わ…分かる?
私もすごく
ドキドキしてる

山田君だけじゃ
ないから…

だから
一人で考え
込まないで…

いっ…

一緒に
がんばろっ?

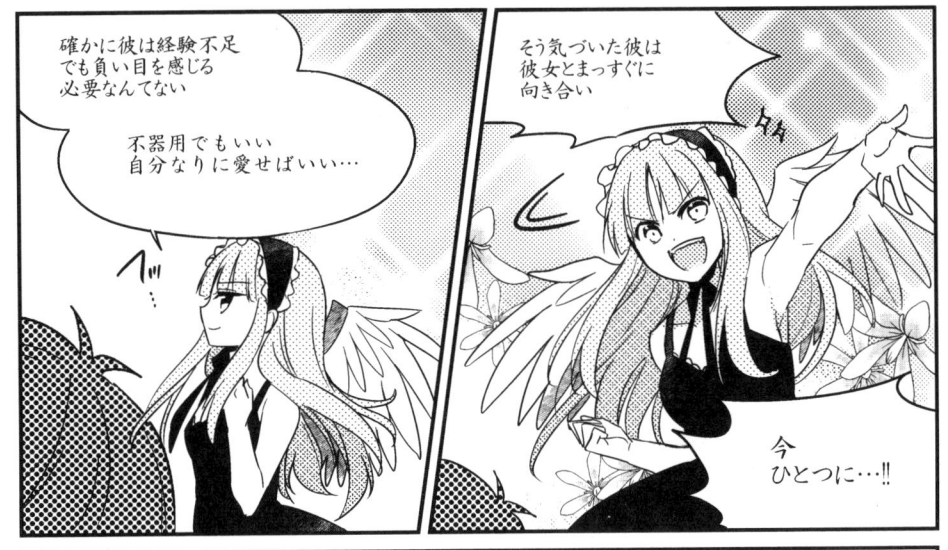

田中っ…!!

好きだぁぁ
あぁぁーっ!!

──そう 彼は
「うまくやらなければ」と
気負いすぎて肝心の彼女への
愛を忘れかけていたのです

確かに彼は経験不足
でも負い目を感じる
必要なんてない

不器用でもいい
自分なりに愛せばいい…

そう気づいた彼は
彼女とまっすぐに
向き合い

今
ひとつに…!!

今の台詞
我ながら
キマってたわね

メモっとこ

3-01 3rd chapter : The first SEX

health and physical education for over thirty
how to make love

最初から完璧なセックスを期待しない

　女性経験がないうちは、自分の中で、あれやこれやとセックスを妄想したりします。まずは押し倒して、手を繋いでキスをして——といった妄想は、彼女ができれば一度は考えるものです。

　もちろん、妄想そのものは構いません。しかし、自分の中で考え方が凝り固まるのは大きな問題です。

　妄想が過ぎれば、いつしか自分の中で「セックスとはこういうものだ！」という、理想のセックスを作りあげることになります。

　セックスは相手がいてはじめて成立する行為。自分ひとりでする妄想は、相手の女性のことを全く考えていません。そればかりか、汚い部分や我慢をしなければいけない部分までは想像しないため、セックスのよい部分ばかりが自分の中で増幅されてしまいます。

　そして、妄想によってセックスに対する考え方が固まってしまうと、いざ現実でセックスという場面に臨んでも「こんなのは自分の望んだセックスじゃない」と思ってしまい、落胆や失望に繋がってしまいかねません。
　また、彼女がそのような考えをあなたが持っているとわかれば、彼女があなたに失望してしまう危険性さえあります。

　そのようなことにならないためにも、セックスに対して過度な期待をせず、「セックスのための彼女」ではなく、「愛する結果の行為」「愛し合うふたりで行う行為」であることを忘れないようにしましょう。

3-02 3rd chapter : The first SEX

health and physical education for over thirty
how to make love

目的は童貞卒業ではなく、愛し合うこと

　セックス未経験の状態では、「とにかくセックスしたい！」と、行為に対する願望ばかりが生まれがちです。
　彼女ができても、彼女ができた＝すぐにセックスができる、のような考え方に陥ってしまう人も少なくありません。

　しかし、それは非常に危険な考えです。
　セックスは、そもそも愛し合っているからこそできる行為。童貞を捨てたいがために、彼女を作るのは本末転倒です。
　また、そのような考えを持ってしまうと、女性と付き合う際に、相手のことをとくに愛していなくとも「まぁセックスできるし付き合っておくか」などといったように、妥協で付き合うことにもなりかねません。

　もちろん、そのような考え方は相手の女性に非常に失礼であるばかりか、気持ちのよいセックスはできません。童貞を捨てることができても、それは互いの心が通わない味気ないセックスで、よい思い出とは程遠いものとなるでしょう。

　もし、あなたが童貞であるならば、絶対に焦って捨てようとしてはいけません。身体と心、その両方で繋がりたいと心から思える女性が、童貞を捨てるべき相手です。
　セックスは彼女を愛する手段のひとつであることを、絶対に忘れないようにしましょう。

3-03 3rd chapter: The first SEX

health and physical education for over thirty
how to make love

愛し合う結果がセックス

　彼女とはじめてセックスをするというときには、セックスが「愛し合う結果」であることを絶対に忘れてはいけません。

　肉体的な快楽の面ばかりが先行しがちな行為であるセックスですが、恋人とそこに至るまでには、身体を互いに許せる関係になったり、身体までも知りたいと互いに欲しなければなりません。
　これは、愛し合っていなければ到達することができない境地です。

　はじめは手を繋ぐことからはじまり、キスをしたり抱き合ったりし、その先にセックスがあります。恋人と愛をはぐくみ、どんどんと心と身体が近付けば、自然とたどり着くのがセックスです。

　そして、愛し合っているからこそ、彼女とのはじめてのセックスを経験した後も、もっと相手の身体を知りたくなり、結果として充実した性生活を送ることができます。

　気持ちよさについても、愛し合っている彼女とのセックスに勝るものはありません。愛し合った結果のセックスであれば、互いが「相手のために」と思うため、肉体的な快感だけでなく、互いを尽くし合う心を知ることで、心理的にも気持ちがよくなれるのです。

　もちろん、心から愛していない相手とのセックスでは、一時的な肉体的快楽を得ることはできても、心を満たすことは絶対にできません。
　前ページで説明したように、場当たり的に「セックスのチャンスがあったから」と、童貞や処女を捨てたり、風俗などサービスとしての場で、はじめての性行為を経験すると、後々後悔することや反省に繋がります。

　セックスは、恋人と愛し合った結果として起こるイベントで、愛が形になった尊い行為であることをくれぐれも忘れないようにしましょう。

3-04 3rd chapter: The first SEX

感じさせることを義務だと思わない

セックスには強い快感が伴います。

しかし、それは行為の結果であって、快感を求めることだけがセックスの目的ではありません。

セックスの快感ばかりに気を取られると、女性に快感をもたらすことが目的となってしまい、「気持ちよくさせなければならない！」と義務のように考えるようになります。

しかし「気持ちのよいセックス」は、はじめから達成できるものではありません。相手のことを知りつくし、そのうえではじめて強い快感が生まれるものです。

そのため、彼女とはじめてのセックスで、意図的に快感をもたらすことはほぼ不可能です。ましてや童貞卒業のセックスで相手を気持ちよくさせることなどできるはずがありません。

アダルトビデオなどから得た、「こうすれば気持ちよくなる！」といった知識についても、それで女性が本当に気持ちよくなれることは稀で、場合によっては痛みすら与えてしまうことになるでしょう。

はじめてのセックスでは、まずは相手のことを大切に思い、最低限の愛撫を丁寧にするだけで十分です。心の籠ったセックスこそが一番気持ちがよいのですから。

Column

愛のあるセックスって？

愛のあるセックスとは、具体的にはどのようなものでしょうか。形のない愛を形にするには、態度で示すしかありません。

具体的には、彼女が愛撫中に痛がっていないか気にかけたり、事後もセックス前と同じように彼女を可愛がってあげるなどです。

こうした、一見小さな気遣いを積み重ねることで、彼女もリラックスしてセックスへのモチベーションが高まり、愛に満ちたセックスをふたりで作り上げることができます。

3-05 3rd chapter: The first SEX

health and physical education for over thirty
how to make love

まずはベッドで添い寝することから

　ベッドで添い寝をすることがセックスのはじまりです。
　普段のデートでは同じ布団やベッドで添い寝をする機会はないので、添い寝をすれば強くセックスを意識させられるでしょう。
　添い寝に持ち込む方法は、互いの部屋とラブホテルで手順が異なるので、ふたつの違いをよく理解しましょう。

互いの部屋の場合

　互いの部屋の場合は、部屋デートのスケジュールに組み込んだ食事やDVD鑑賞をポイントにしましょう。満腹感から来る眠気や、部屋を暗くして見るDVDをベッドの上で見ようと誘うことから添い寝に持ち込めば、ハードルが下がります。
　具体的な手順は以下の通りです。

❶ 彼女が隣に座っている状態で、少しだけ体重を彼女にあずけます。すると、肩が触れるので、その状態で自分の頭を彼女の肩に乗せるような姿勢をとりましょう。

❷ ❶の状態で、彼女が嫌がるそぶりを見せなければ、彼女の反対側の肩を抱いてそのまま横になりましょう。

ラブホテルの場合

　ラブホテルは、はじめからセックスを意識する場所なため、添い寝のタイミングが難しいといえます。しかし、男性が先にシャワーを浴びて、女性のシャワーが終わるのを待てば、比較的スムーズに添い寝に持ち込むことができるでしょう。

❶ 彼女のシャワーをベッドで座って待ちましょう。待っている間に部屋の明かりを落としておけば、シャワーから出てきた彼女の気持ちをセックスに向けさせることができます。

❷ 彼女がシャワーから出てきて隣に座ったら、上記の部屋デートと同じ要領で添い寝に持ち込みましょう。立ち尽くしていたり、手持ち無沙汰にしていたら、「隣に座りなよ」のように声をかけて、隣に座ることを促します。

頭を撫でる

　座った状態では難しい「頭を撫でる」ことも、添い寝の状態では可能です。
　頭を撫でることは、愛情表現だけでなく、女性の心を落ち着ける効果があります。彼女の心が落ち着けば、心を開くことにも繋がります。そしてそれは、男性に身体も委ねることに繋がるので、添い寝体勢から頭を撫でましょう。

　女性にとって、頭を撫でられることは、ひとつのスイッチであることが多いもの。普段は気の強い女性であっても、頭を撫でれば、急に甘えてくるかもしれません。それどころか、一気にエッチモードになることもあり得ます。
　その効果は、「好きな人に撫でられると、それだけでめちゃくちゃにして欲しい衝動に駆られる」と言う女性もいるほどです。

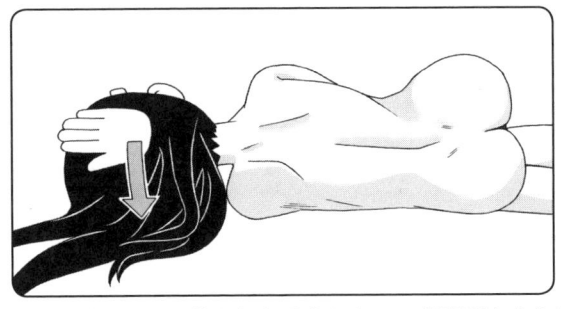

　頭の撫で方は、彼女と同じ方向を向いて添い寝している場合は、ベッドに接していない側の手で頭の表面をなぞります。髪の生えている方向に沿って、髪の表面を優しく撫でましょう。
　向き合って添い寝をしている場合は、頭を抱え込むようにして、後頭部を中心に撫でるようにします。
　彼女が気持ちよさそうにしていたら、頭に軽くキスをするのもよいでしょう。

Column

ひざ枕

　頭を撫でる体勢には、添い寝だけでなく、女性の頭を男性のひざに乗せるひざ枕もあります。
　ひざ枕は、抱き合うよりもハードルが低いので、2人の雰囲気が落ち着いたら、彼女の頭をひざに誘って頭を撫でるのもよいでしょう。
　もちろん、男性が女性のひざに頭を乗せて、男性が頭を撫でられても、身体が近付くことで、セックスへの道が開けます。

3-07 3rd chapter : The first SEX

health and physical education for over thirty
how to make love

手の絡め方

　添い寝からその先のキスや愛撫へ移行するためには、手を絡ませることが有効です。

　手を絡ませることは、「一方的な行為」である頭を撫でることと異なり、「お互いで求め合う行為」であるため、共同行為であるセックスを、より強く意識させるでしょう。

　また、手は性感帯であるため、求め合うように手を絡ませれば、強い興奮に繋がります。

　添い寝の状態から手を絡め合うには、最初は文字通り、手探りで彼女の手を探すことからはじめます。これは、自分の指先を確認しないまま手を絡み合わせることで、彼女は行為に生々しい印象を持たずにすみ、大胆になりやすいからです。

　添い寝以外の姿勢からの場合も、添い寝時と同様に、手を彼女の目に入らない位置で繋ぎ、そこから絡ませ合いましょう。目に触れる位置であっても、キスをしている間は目を閉じるので、そのタイミングで手を絡ませることも可能です。

　そして、手を探しあてたら、手を繋ぎ、そこから下図のように手を組みましょう。

　この状態で、指先に力を入れたり、指先を動かしたりして、彼女の手の様々なところに刺激を加えます。お勧めで簡単な指の絡ませ方は、指先で彼女の手の水かき部分をなぞることや、親指の先で手のひらをひっかくように触れることなどです。

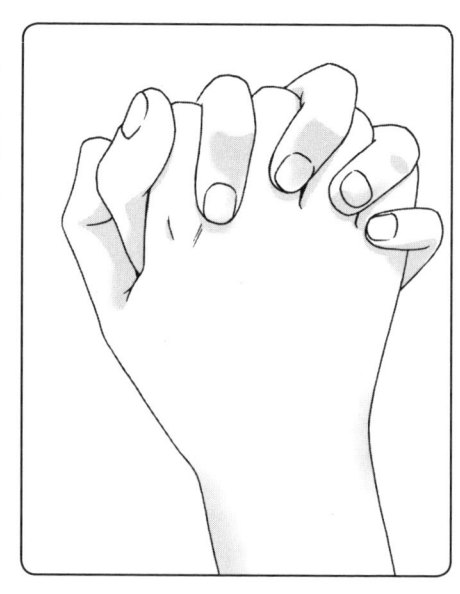

3-08　3rd chapter: The first SEX

health and physical education for over thirty
how to make love

キスへの持ち込み方

キスをすればセックスまでもう一息です。
しかし、性行為が目前に迫ったキスは、様々な思いが交錯し、普段のデートのキスとは勝手が違います。

セックス前のキスへの持ち込み方は、大きく分けて2通りあります。ひとつは「急にキス」パターン、ふたつめは「溜めてキス」パターンです。

「急にキス」パターン

文字通り、前置きなく、いきなりキスをすることです。
男性には非常に勇気の必要なパターンですが、女性にとっては男性にリードされることを意識させることができます。

しかしこの場合、男性は腹を決めて一気にしようとするため、無理やりなディープキスや、唇を強く押し付けすぎるなど、必死なキスになりかねません。そのような必死なキスでは、彼女はひとり興奮する彼氏を見て、冷めた思いを抱く可能性があります。

そのため、急にキスをする場合は、いきなり唇を合わせようとも、心は冷静で先走らないように意識することが求められるといえるでしょう。

「溜めてキス」パターン

これは、キスをするまでのモーションを長くとり、キスの瞬間までが長い方法です。
このようなキスでは、焦らされるような印象を彼女に与えることができるので、彼女からのキスを誘うことができるでしょう。しかし、彼女との距離感を理解できないと、ただの踏ん切りが付かない男性となるので注意が必要です。

溜めてキスをする方法は、彼女を見つめ、鼻が触れそうになるまで近づき、数秒待つことからです。そして、彼女が目を閉じたらキスをしてもよいですし、キスをせずに彼女が目を開いた瞬間にキスをするのもよいでしょう。
もちろん、彼女からのキスを待つことも可能です。

3-09 3rd chapter : The first SEX

health and physical education for over thirty
how to make love

セックスに持ち込むキス

セックスに持ち込むキスは、デート中のキスとは大きく異なります。そのあとにある行為のように、生々しいキスを避けて通れません。

しかし、最初から舌を入れるようなディープキスをしてしまうと、彼女が戸惑う可能性があります。

そこで、最初は、デート中でするようなキスをし、そこから徐々に濃いキスへと展開しましょう。

❶ 最初のキス

最初のキスでは、唇を合わせるだけです。しかし、デート中のキスよりも長い時間をかけるとよいでしょう。時間の目安は、およそ3秒程度です。

❷ 2回目のキス

2回目のキスでは、ディープキスに移ります。ここでイチャイチャしたい場合には、1回目と同じキスを繰り返したり、額や頬、鼻先にするのもよいでしょう。

ディープキスは、いきなり舌を入れるイメージがありますが、それは間違いです。まずは唇を合わせた状態で、口を少しずつ開きましょう。すると、彼女の口も徐々に開くので、スムーズに舌を入れることができます。

この動きを怠ると、彼女側からすると舌を無理やりねじ込まれるような印象になってしまうので注意が必要しましょう。

彼女の口が開いたら、舌を入れます。もちろん乱暴に舌先を動かすのではなく、ゆっくり彼女の口の中を探るように動かします。

深く舌を入れると、抵抗感を抱く場合もあるので、最初は前歯の先くらいまでに舌を入れましょう。呼応するように彼女の舌も自分の口に入ってくるようであれば、奥まで舌を入れて絡み合わせます。

❸ 3回目以降のキス

ディープキスの次は、唇を合わせたままこすり付けるように横にスライドさせるキスや、唇を舐めるキスがよいでしょう。このようなキスの方法を3回目以降で推奨する理由は、最初からこのようなキスをすると唇が濡れることで不快感を与えかねないのですが、ディープキスのあとであれば、唇は濡れているため不快感を与えにくいことによります。

その後は、ディープキスをはじめ、様々なキスをしましょう、キス終了の目安は、彼女の目がトロンと充血したような目になることです。

身体を触る順番

　キスをすれば挿入まで持ち込めるわけではありません。もちろん、いきなり性器を触れるのも焦り過ぎです。

　そこで、キスの次は、着衣の状態で彼女の身体を触れましょう。
　身体を触る順番のポイントは、乳房、性器のみに触れることを避け、上半身から触れることです。
　徐々に性感が強い部分に触れることで、彼女の気持ちを無理なく高めることができるでしょう。
　また、身体を触りながらキスをするのも効果的です。

❶ 肩を抱く
　最初は肩を抱きしめましょう。
　このとき、おそるおそる肩に手を回すのではなく、少しだけ力を入れれば、「愛されている」という安心感を与えることができます。もちろん力を入れ過ぎれば、痛みを伴うので注意です。

❷ 腕をわき下に入れて抱く
　わき下に腕を回して抱くことです。この方法は、男性の頭が彼女の胸の位置に当たるので、女性は甘えられているように感じます。

　胸に頭が当たるので、谷間に頭をうずめるのもよいでしょう。この方法では、身体を抱いている状態で胸に頭が当たっているので、女性にとって「胸に当たっている」という感覚が少なくなります。

❸ お尻
　身体を抱く片手をお尻に移します。
　いきなり手をお尻に当てるのではなく、指先を身体に触れたまま、背

中からなぞるようにお尻まで移しましょう。
　こうすることで「もうすぐお尻を触られる」という心の準備ができ、抵抗感を抱きにくくなります。

　お尻の触り方は、はじめは、手の平を閉じた状態で、さするように触ります。そして次に、手の平を開いて、お尻を掴むようにしましょう。
　片手だけで揉んでいるので、左右片方だけに触れるようになりがちですが、左右をバランスよく触りましょう。

❹ 太ももを触れる

お尻から手を下に移し、太ももに触れましょう。
はじめは、ヒザに近い太ももの外側を触れ、股に近い内側へ移します。

　触り方は、手の平は閉じた状態でさするように触りましょう。
　脚の付け根まで順に触り終わったら、股の間に手を差し込み、性器の際部分が指の一部が触れるように、さすりしょう。
　このとき、性器に指が軽く触れても構いません。性器に手が当たっても、脚を触られている認識なので、性器に偶然当たる手は不快感を与えないのです。

❺ 乳房を触れる

　P.64の「乳房愛撫の方法」をご覧ください。

❻ 性器を触れる

　P.68以降の性器愛撫の項目をご覧ください。

Column

health and physical education for over thirty
how to make love

照明用リモコンはセックスの味方

　セックス時は部屋の照明を落とすのが暗黙のルールです。
　よい雰囲気になって抱き合い、「さぁ服を脱ぐ」という段階で、照明スイッチを切るためにベッドから立って彼女から身体を離すと、雰囲気が冷める可能性があります。
　そこで役に立つのが、照明リモコンです。

　ベッドサイドに照明リモコンを置いて操作すれば、抱き合ったまま照明を落とし、そのままセックスに移行できるでしょう。

3-11 部屋の明るさと性行為への抵抗感

　結論からいえば「セックスのときは明かりを落とすこと」が鉄則です。
　煌々と照らされた室内でのセックスに抵抗感を抱く女性はいても、暗がりでのセックスに抵抗感を抱く女性は滅多にいません。

　エロゲーやアダルトビデオなどでは、見る人のために、明るい場所や明るいシーンでのセックスが多いですが、これは実際のセックスとまったく異なります。
　現実のセックスでは、部屋の明かりを落として行われることが基本だということを忘れないようにしましょう。

　セックスで暗がりが好まれる理由は、普段は見せることのない性器や乳房を露出する行為がセックスであり、たとえセックスをする仲まで発展した恋人が相手であっても、はっきりとは見られたくないものです。
　もちろん、顔についても、セックス時には喘ぎ、本人にとっては恥ずかしい顔となるので、見られたくないのが女性の心情といえるでしょう。

　セックス時に最適な部屋の明るさは、スモールライト（室内灯で一番小さな赤みがかったランプ）です。このくらいの明るさが、目が慣れればおぼろげに表情や身体を確認できるため、セックスに適しています。
　いくら暗いほうがいいといっても、電気をすべて消してしまうと、今度は相手の身体すら確認できず、行為をスムーズに進めることができません。

　部屋の電気にスモールランプがない場合は、ベッドサイド用のスタンドを使いましょう。
　スタンドの明るさが強い場合には、傘などで光を抑えて調整します。スタンドは、女性の肌が綺麗に見えるので、LEDライトなどの白系ではなく、電球色の光源を持つものを用意しましょう。

　また、時間の都合で、外が明るいうちからセックスをすることになった場合も部屋を暗くしましょう。
　カーテンを閉めるだけでは、外の明かりが気になることもありますが、光を通さない遮光カーテンがあれば、部屋を夜のように暗くすることが可能です。

3-12　セックス前のシャワー

　セックスとシャワーは切り離せない関係です。
　セックスでは、互いに「汚い」とされている場所を繋げ合うので、事前に清潔にすることが一般的とされています。
　もちろん、湯船にゆっくりと浸かることも身体を清潔に保つことに役立ちますが、湯を張る時間や、髪を乾かす時間を考えると、非現実的です。

　シャワーの浴び方は、髪を濡らさず、首から下のみシャワーを浴びます。髪を濡らしてしまうと、乾くまでに時間がかかるので注意しましょう。
　普段、風呂場でシャワーを浴びるときのように、身体を洗う必要はありません。しかし、シャワーのみでは、汗や体臭を落とすことができない可能性があるので、手にボディソープを取り、身体を手洗いしましょう。
　性器については入念に洗い、仮性包茎の場合には、皮を剥いて特に念入りに洗いましょう。
　他にも、肛門周りや、足の指の間や爪の黒ずみもしっかりと洗い流します。顔については、汗ばんでいるようであれば、洗顔してしまうこともよいでしょう。

　シャワー後には、元通り服を着ましょう。
　ラブホテルであれば、バスローブがあるのでバスローブを利用します。本来、バスローブは、身体を拭かずに着ても問題ありませんが、身体が濡れた状態では、バスローブが濡れて、座る際や彼女の身体が触れた際に不快感を与える可能性があるので、身体の水気を落としてから着ましょう。

Column

シャワーを浴びるとは限らない

　セックス前のシャワーは、定型行為のイメージがありますが、シャワーを浴びないセックスは珍しくありません。
　フェラやクンニなどのオーラルセックスをする場合は、シャワーを浴びて性器を清潔にしたい思いから、シャワーを浴びますが、愛撫と挿入だけのセックスでは、シャワーを浴びずに行うこともあります。
　特に、はじめての相手とのセックスでオーラルセックスは行われないことが多いので、なおさらシャワーを浴びずに行うセックスが一般的です。
　シャワーを浴びることにこだわるよりも、彼女との雰囲気を重視しましょう。

シャワーからセックスまでの時間

　セックス前のシャワーは、大きく分けて「彼氏が先に入る場合」「彼女が先に入る場合」「ふたりいっしょに入る場合」の3パターンがあります。
　それぞれのパターンによって、その特徴やハードルの高さ、セックスへの持ち込み方が少しずつ異なるので、注意が必要です。

彼氏が先に入る場合

　彼氏が先にシャワーを浴びる場合は、ラブホテルで男性が先にシャワーを浴びれば、セックスをリードすることに繋がると説明したように、シャワーを先に浴びて、セックスのはじまりを彼女に伝えることができます。
　もちろん、シャワーを出た後に、彼女のシャワーを待つ時間があるので、その間に心を落ち着け、緊張していても自分のペースを取り戻すことができます。
　彼女とはじめてのセックスに臨むときは、妙な雰囲気になりがちなので、「先にシャワー浴びてくる」などと一声かけ、自分からシャワーを浴びてしまうのも手です。

彼女が先に入る場合

　何もいわずとも、彼女が先にシャワーを浴びる場合は、彼女が積極的になっていることの表れでもあります。自分が先に入る場合とは逆に、シャワーを出たときには、彼女はベッドで待っているので、自然と彼女主導でセックスがはじまる可能性が高いでしょう。

ふたりいっしょに入る場合

　ふたりいっしょにシャワーを浴びるというのは、非常にハードルが高い行為といえます。シャワーを浴びる際は、明るい場所なので、必ず互いの裸を見ることになり、大抵の女性にとっては恥ずかしさを感じてしまうでしょう。

　もちろんそのような恥ずかしさをモノともしないのであれば、その後のセックスはオープンに進めることが可能です。
　しかし、ふたりいっしょにシャワーを浴びることは、特に彼女とのはじめてのセックスの場合、拒否される可能性が高いので、ある程度セックスの回数を重ねてから誘うようにしましょう。

3-14　3rd chapter : The first SEX　　　health and physical education for over thirty / how to make love

服の脱がせ方と順序

　彼女の身体に触れ、お互いに気持ちが高まってきたら、服を脱がしましょう。

　服を脱がすタイミングの指針は、服を脱ぐ必要があるかです。「服の上から胸を触り、次は直に触りたい」と男性が思うように、女性も身体を触られるにつれて「服の上からではなく、直接触れて欲しい」と思うようになります。
　つまり、何の脈絡もなく服を脱がすのではなく、触った身体の部位を露出させるために、服を脱がすことがよいといえるでしょう。

　服を脱がすときに心がけることとして、脱がしながらキスをすることが挙げられます。これは、服を脱がすのに手間取った場合、その間に気分が盛り下がることあり、それを防ぐためです。
　また、脱がす順番については、以下の通りです。

❶ シャツ・Tシャツ
　着衣で肩や胸を触り、愛撫をしたら、まずはシャツやTシャツを脱がせます。服の裾を持って上にずらせば、女性は脱がされることが分かるので、腕を自然と上げるでしょう。
　また、ボタンの付いたシャツであれば、完全に脱がすのではなく、ボタンのみを開けて、ブラジャーが露出した状態で、身体を触りましょう。

　上半身の衣類を脱がすコツとしては、まずは服と肌の間に手を差し込み、身体を触ることです。こうすることによって、女性は手が素肌に当たる感覚を先に知ることができ、服を脱ぐことへの抵抗が薄れます。

❷ スカート、ズボン
　上半身の次は、スカートやズボンです。しかしスカートの場合は、そのままの状態で直接性器周辺に触れることができるので、この段階で脱がす必要がありません。

　ズボンの場合は、太ももなどに触った後に脱がします。
　女性物のズボンはぴったりとしているので、男性が脱がそうとしても難しいもの。そのため、ボタンやファスナーのみ外してあげ、脱ぐのは自分でやってもらうようにするのもよいでしょう。

❸ ブラジャー

　ブラジャーの外し方は、ホックを外すことからです。大抵の場合は後ろにホックがありますが、前にホックがある場合もあるので、注意しましょう。

　シャツ類を脱いだ後にブラジャーの上から乳房を愛撫し、その後にブラジャーを外すのが基本ですが、シャツを脱がすときに、手を服の間に入れ、そのときにホックを外しておく方法もあります。
　こうすることでシャツを脱がせたときには、ブラジャーが肩のストラップのみで支えられた状態となり、直に乳房を触ることも容易くなるでしょう。

❹ ショーツ

　ショーツを脱がすのが最後です。ショーツを脱がすコツとしては、ショーツの上からしっかりと性器を愛撫することです。そうすることで、早く直に触れて欲しいという思いが強くなり、脱がされることに抵抗がなくなります。

　また、あまり愛撫をしすぎると、愛液でショーツの中が濡れ、事後に下着をもう一度穿く際に冷たくなり、不快感をいだく可能性があるので注意しましょう。

Column

health and physical education for over thirty
how to make love

セックスのときにメガネは外す？

　セックスのときのメガネは、基本的には外しましょう。
　これは、セックスが普段の就寝時と異なり、様々な体勢になることや、彼女にメガネが当たって痛い思いをするのを防ぐためです。

　また、女性によっては、自分の身体や表情を見られるのが恥ずかしいという理由で、メガネをしている彼氏であれば、外して欲しいと思う場合もあります。

3-15 3rd chapter: The first SEX

health and physical education for over thirty
how to make love

乳房愛撫の方法

　乳房愛撫の方法について考えてみましょう。
　乳房愛撫の方法は、「揉む」「ひっかく」「つまむ」の動作に分かれます。動作によって、与える感覚が異なるので、ひとつの動きだけを繰り返すのではなく、なるべくまんべんなく色々な動きを試します。

　また、女性によって好き嫌いがあるので、反応を見て、一番気持ちよさそうにしている方法を中心に愛撫しましょう。

揉む

　揉む愛撫は、着衣からでも、直でも効果があります。
　乳房を揉む際には、乳房の輪郭に沿って揉むことが基本です。乳首を避けて揉むことで、女性の乳首を触って欲しい思いが高まり、偶然でも乳首に手が触れただけで強い快感をもたらすこともできます。

　揉む強さについては、肩揉みのように力を入れるのは厳禁です。
　女性の乳房は揉む動作で痛みを感じやすいので、ほんの少し乳房の形が変わるくらいの強さで揉みましょう。

ひっかく

　乳首をひっかく動作です。乳首を人差し指や中指の先で、転がすようにひっかきます。もちろん、揉む愛撫と同様に、力の入れ過ぎには注意です。
　ひっかく愛撫は、着衣だと衣類の素材で指先の動きが滑らかになり、直に行うよりも効果的です。
　ひっかき愛撫をするのであれば、着衣状態でブラジャーのホックを外しておくとよいでしょう。

つまむ

　乳首をつまむ愛撫です。乳首は非常に敏感なパーツなので、つまむことで、非常に強い感覚を与えることができます。

　しかし、女性によっては、少しつまむだけでも痛がる場合や、思いきりつまんでも痛くない場合もあるので、力の入れ具合に不安があれば、痛くないか聞くようにしましょう。

　少し乳首の形が変わる程度の力であれば問題ありません。

　また、乳首愛撫は、横から力をしばらく加えたら、次は縦に力を加え、交互に繰り返すとよいでしょう。こうすることで、乳首にまんべんなく刺激が加わり、より強い快感を与えることができます。

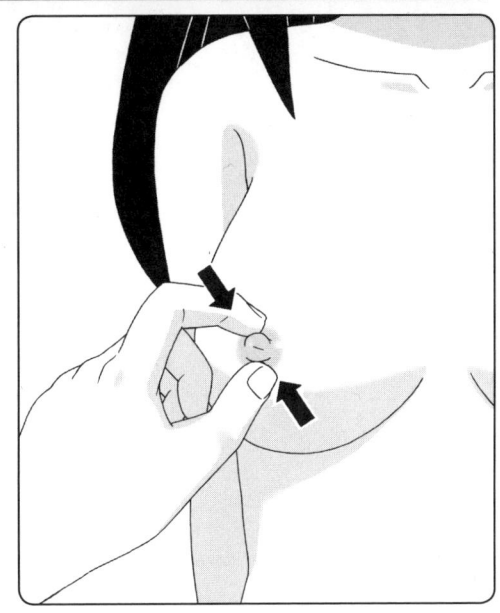

Column

health and physical education for over thirty
how to make love

人によって感度は違う

　セックスの感度は人によって大きく異なります。少し触られるだけで絶頂に至る女性もいれば、愛撫に対する反応が薄い女性まで様々です。

　もちろん、体調や気分によっても反応は異なりますが、性的刺激にあまり反応しない体質である場合もあります。彼女が感じていないからと愛撫を執拗にすれば、快感どころか痛みを与えかねないので注意しましょう。

　また、性感帯についても人によって様々で、ある場所を愛撫することで、急に快感を得る場合もあります。なるべく様々な場所を愛撫して、相手の反応を見て、どこが好きなのか知るようにしましょう。

3-16　3rd chapter: The first SEX

health and physical education for over thirty
how to make love

乳房愛撫に適した体勢

　乳房の愛撫にもっとも適した姿勢は、ふたり同じ方向を向き、男性が彼女を後ろから抱きかかえて寝る姿勢です。

　この姿勢では、男性の腕が女性の正面に回るので、乳房にアクセスしやすく、自由に腕を動かすことができます。
　もちろん、乳房だけでなく、性器にも手が届くので、同時に愛撫することも可能です。

　向き合って寝る姿勢の場合も乳房に触れることはできます。
　しかし、彼女との距離を近づけようとすると、男性は腕を折りたたまなければならず、手を動かしにくく、思ったように愛撫できません。そのため、キスと同時に乳房愛撫が難しい体勢でもあるといえるでしょう。

Column

health and physical education for over thirty
how to make love

布団を目隠しとして利用しよう

　セックス中は、いくら部屋の明かりを落としても、彼女は恥ずかしいもの。そこで、布団や毛布が恥ずかしさを和らげるために役立ちます。
　たとえば、身体中を触れる場合や乳房愛撫のとき、布団がかかっていれば、手の動きを確認できないため、恥ずかしさが緩和されます。
　他にも、気持ちよさから歪む顔を見られたくない場合は、頭から布団を被ろうすることもあるでしょう。

　もちろん、セックスは裸に近い状態で行うので、派手に動いているときならまだしも、愛撫のときは寒いことがあります。薄い布団にでも包まれば寒い思いをせずにすみ、スムーズに行為が進むといえます。

3-17 乳房愛撫から性器愛撫への移行

乳房の愛撫の次は、性器の愛撫です。
「乳房を触ったのだから次は性器」と性器に手を伸ばすと、乱暴な印象や粗雑な印象を与える可能性があるので注意します。
そこで、乳房から性器の愛撫へ移る際には、身体を触れるときと同様に、指を乳房から性器まで滑らせましょう。
こうすることで、徐々に手が性器に迫ることを認識でき、性器を愛撫される心の準備ができます。

また、性器を触るときは片手のみを使うので、もう片方の手が空きます。
そこで、片手では乳房の愛撫を継続しつつ、もう片手を性器まで動かしましょう。両手を使うことで、女性は乳房を愛撫されている感覚を失うことなく性器を愛撫され、興奮も継続し、性器愛撫の抵抗感を抱かなくなります。

初回のセックスでは難しいかもしれませんが、乳房を口で愛撫することができるのであれば、片手と口で乳房を愛撫し、もう片方の手を性器に向かわせてもよいでしょう。
もちろん、ディープキスをはじめとしたキスも行い続ければ、彼女の気分を盛り上げたまま性器愛撫に移ることが可能です。

Column

彼女が生理だったら？

いつでもセックスができる男性と異なり、女性には生理があります。生理中もセックスはできますが、生理中の膣は傷つきやすい環境にあるため、セックスは避けるのが一般的です。
ラブホテルに行こうとする場合に女性が生理中だと言うのは、「今日はセックスできない」という意味です。
しかし、家デートで、いちゃいちゃとしている延長でセックスをしようとしている場合は、なかなか生理だと言うタイミングが掴めません。
そのため、多くの場合は、添い寝から身体を触り、キスをし、乳房を愛撫し、いざ性器に手を伸ばそうとしたときになってはじめて「今日は生理中」とカミングアウトされます。
もちろん、生理中でも性器の愛撫は可能ですが、性器に触れることで、ナプキンがずれて、下着などが汚れる可能性もあるので、性器の愛撫は諦めましょう。
生理は避けられないものです。性器愛撫ギリギリまで辿りつけたのであれば、次こそは最後までできるはず。1週間程度の期間を待って、再チャレンジしましょう。

3-18 3rd chapter: The first SEX

health and physical education for over thirty
how to make love

性器愛撫は優しく

　性器の愛撫は「優しく」が大前提です。男性のペニスと異なり、女性の性器は非常に敏感です。
　そのため、男性がペニスをしごくのと同じ感覚で強く触ると、痛みを与えることになります。

　また、女性器を優しく愛撫することは、しっかりと女性の性感を引きだすためにも重要です。
　優しく性器を愛撫すれば、段階的に強い快感を得ることができますが、いきなり乱暴にされれば、強い感覚についていけず、気持ちが萎えてしまうでしょう。

　もちろん、女性によっては、乱暴に痛くされることで快感を得る場合もありますが、それは稀です。
　そして、セックスは大抵、男性が主導なので、仮に痛みを与える愛撫をしたとしても、女性にとってはどうしようもありません。
　そのため、彼女との最初のセックスでは優しく愛撫し、相手の反応を見て、強くされるのが好きなようであれば、次回にフィードバックさせましょう。

　また、優しく愛撫をすれば、女性を積極的にさせることにも繋がります。
　これは、優しく愛撫し、それが自分の我慢できる刺激を大幅に下回っている場合、もっと刺激が欲しくなり、女性から腰を動かしたり、要求を伝えてくることを期待できるということです。

　そうなれば、男性も彼女の普段見せない欲望に駆られた行為や言動に興奮し、セックスに対するモチベーションも上がります。
　最初の性器愛撫でそのような彼女の面を引き出すことができれば、その後の挿入でもスイッチが入ったままとなり、お互いが求めるようなセックスができるでしょう。

下着の上からの性器愛撫方法

　性器の愛撫は、最初から直に触るのではなく、まずは下着越しからです。
　女性器は、最初から直接触ると濡れていないため、刺激が強く、痛みを感じることがあります。そこで、下着越しに愛撫し、愛液で性器を潤すことで、その後の愛撫を潤滑によってスムーズに行うことができるでしょう。

　また、指先全体で、こすりつけるように、性器全体を揉む動作は、女性にとって気持ちのよいものではないので、行わないようにしましょう。

なぞる

　性器の上をなぞる動作です。人差し指や中指を、性器の筋に合わせてなぞります。高速でゴシゴシとなぞるのではなく、性器の形が下着越しからでも感じられるようにゆっくりと愛撫しましょう。
　クリトリスについては、膣側から上になぞっていけば、クリトリスの上を指が通過し、それが快感をもたらします。
　もちろんクリトリスの上を中心に指を滑らせれば、下着越しでもクリトリスに快感を与えることができるでしょう。

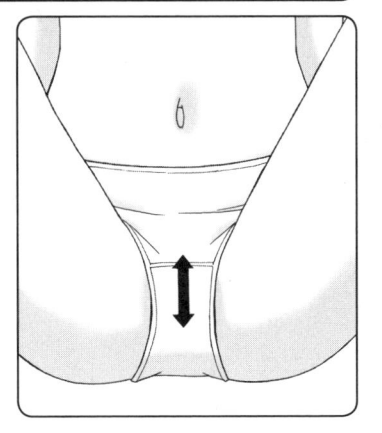

ひっかく

　なぞるのと同様に、ひっかく動作も、下着越しの性器愛撫に効果的です。なぞる動きと同じように、筋に合わせて、カリカリと人差し指で軽くひっかきましょう。

　ひっかく動きは、特にクリトリスに効果的で、クリトリスの上からひっかけば、直接的に性感を与えることが可能です。

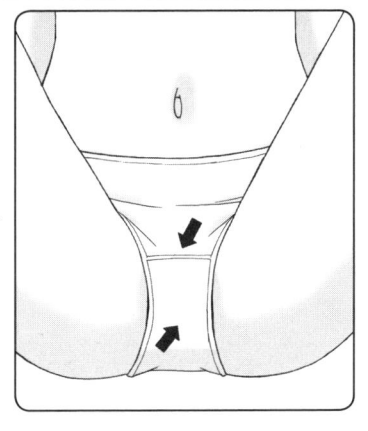

直接性器を触る愛撫方法

下着越しの性器愛撫をしたら、次は直接の愛撫です。下着越しにしっかりと愛撫していれば、十分に濡れ、女性は直接触って欲しい気持ちになっています。

下着越しの愛撫と異なり、直接触る愛撫は、直に刺激が性器に伝わるので、下着越し以上に優しく触れる必要があります。

指でなぞる

下着越しに性器をなぞることと同様に、指でなぞる動きは、直でも効果的です。膣の入り口から、クリトリスまで、ゆっくりとなぞりましょう。

クリトリスは、下から上になぞれば、包皮がめくれ、直接触れることができ、強い性感を与えることができます。

しかし、直の刺激は非常に強いので、強く触れ過ぎないように気を付けましょう。

また、濡れてない場合は痛みを伴いやすいので、直接の愛撫では、特にタッチの強さに気を付けましょう。

クリトリスをつつく

クリトリスは非常に敏感です。そのため直接の愛撫では、どのような方法で触るにしても、優しくしなければなりません。

そこで効果的なのが、「つつく」愛撫方法です。クリトリスをつつけば、丁度よい刺激を与えることができます。

クリトリスをつつく方法では、まずはクリトリスの包皮越しに、人差し指か中指の先で、とんとんとつつきます。断続的に、つつけば、女性は直接つついて欲しくなるでしょう。

そこで、相手の反応を見て、包皮を剥いて直接つつくようにします。直接つつくには、空いた手で、包皮をめくってつつきます。

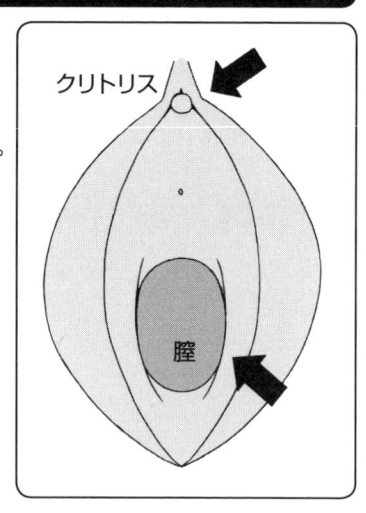

膣に指を入れる

性器の愛撫の最後は、指の挿入です。指を入れておけば、膣の中が広がり、その

後のペニス挿入をスムーズに行うことができます。膣に指を入れる注意点としては、濡れ方が少ないときは、膣の入り口をあまり触れないことが挙げられます。

これは、膣の入り口は感覚が敏感なため、濡れきっていない状態で挿入すると、痛みを与えるからです。

彼女との最初のセックスでの指の挿入は、気持ちよくさせてやろうと意気込むのではなく、そのあとのペニス挿入に備えることが目的であることを、忘れないようにしましょう。

指の出し入れには、一番長い中指を使います。気持ちのよい場所は、女性によってさまざまですが、アダルトビデオのように、激しく手を動かすのは、痛みに繋がるので避けましょう。

指を入れたら、指先をカギのように折り曲げて、さまざまな場所を圧迫しましょう。

一般的に気持ちのよい場所といわれる場所は、指を入れて、真ん中くらいの深さ、腹側にザラザラした場所です。まずは、その点を探し、少しずつ圧迫しましょう。

女性によっては、奥まで指を入れられて、かき回されるのが好きな場合もあります。

しかし、膣の中で気持ちのよい場所は、女性によって大きく異なるので、可能であれば聞くことがよいでしょう。

直接、どこが気持ちよいか聞くのか恥ずかしい場合には、痛くないか聞くだけでも構いません。

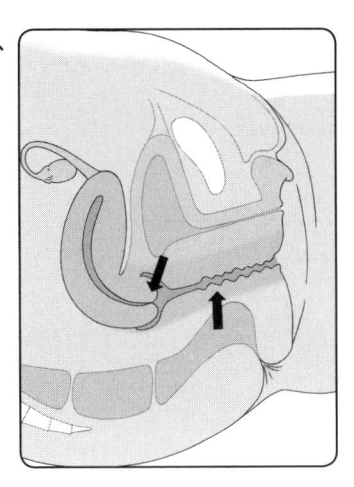

Column

health and physical education for over thirty
how to make love

愛液と体調、個人差

愛液の量は体調や個人差によって大きく異なります。どんなに気持ちよくとも、体調や女性によっては、あまり濡れないこともあることを覚えておきましょう。

ある程度愛撫しても、濡れ方が少ない場合は、無理にそれ以上愛撫を続けてはいけません。もちろん、彼女との最初のセックスでは、その人の濡れ方を知ることはできないので、「濡れていないのは体調のせいか、元から濡れにくいからかもしれない」と理解することも重要です。

3-21 3rd chapter : The first SEX

health and physical education for over thirty
how to make love

性器愛撫と乳房愛撫、キスはセットで

　ペニス挿入前の愛撫では、キス、乳房の愛撫、性器の愛撫をすべてセットで行うことが効果的です。

　これは、刺激される性感帯の数が増えれば、増えるほど、感じる快感も大きくなることによります。

　キスを組み合わせることは、キス自体が愛情表現だからです。愛撫しながらキスもすれば「愛されている」実感が強くなり、「心」が気持ちよくなって、得る快感が大きくなります。

　愛撫の組み合わせの注意点は、片方に集中しすぎて、もう片方が適当になってしまうことです。
　同時に愛撫を行って、片方がおざなりになるのであれば、最初から一ヵ所の愛撫だけでも構いません。同時の刺激が、快感を強くさせることは事実ですが、自信がなければ、ひとつの愛撫を確実に行うようにしましょう。

Column

health and physical education for over thirty
how to make love

はじめてではオーラルセックスはしない

　彼女とはじめてするセックスでは、オーラルセックスは避けたほうが無難です。オーラルセックスは、直接性器を口に含むので、セックス前のシャワーが必須となります。
　その場の流れを重視して、シャワーを浴びずに愛撫まで持ち込んだ場合、性器は洗われていません。
　もちろん、そのような状態の性器を口にすることが好きな女性や男性もいます。しかし多くの場合、オーラルセックスでは臭いを気にするため、避けたほうがよいでしょう。

　シャワーを事前に浴びていた場合でも、オーラルセックスは、女性にとって大きな羞恥心を伴います。
　そのため、最初のセックスでそこまで自分をさらけ出せないという場合もあるでしょう。
　また、相手が処女の場合、最初のセックスからオーラルセックスを強いることは、セックスに嫌な思い出を植え付ける可能性があります。

相手にペニスを触らせる

　ペニスの挿入は、いきなり行ってはいけません。いくら挿入前に性器の愛撫をし、愛液で潤っていたとしても、女性が心の準備ができていなければスムーズに行うことができません。

　そこで、ペニス挿入前に、彼女に身体を触らせるようにします。そうすれば、男性もペニス挿入の準備ができていることを理解し、心の準備ができるでしょう。
　そして、身体を触らせるということは、勃起したペニスを女性に触らせることです。

❶ 下着越しにペニスを触れさせる

　抱き合った状態で、彼女の手を持ち、男性の下着の上に持ってきましょう。そして、手を重ねた状態で、自分の手を動かし、彼女の指がペニスを触っている状況にします。

　もちろん、いきなりペニスに手を移すと、彼女が戸惑う可能性があります。しかし、キスをされている状態であれば、抵抗感が少なく済むので、ディープキスをしながら行うとよいでしょう。

❷ 直接触れさせる

　下着越しにペニスを触れさせたら、次は直接触れさせましょう。触れさせる手の動きは、下着越しと同じですが、最初は下着を脱ぐ必要はありません。

　下着越しに触られたまま、ペニスを露出させ、ペニスに触れさせます。直に触ることに慣れさせたら、下着を脱ぎましょう。

　このように、下着を脱がない状態で直に触らせるのは、触られている状況で下着を脱いで、彼女の手が股間から離れることを防ぐためです。気持ちを盛り下げないためにも、下着を脱ぐのは後で構いません。

　また、彼女に自分のペニスを触らせている間に、自分の手が空いているのであれば、彼女の性器や乳房を触るのもよいでしょう。

挿入してもよいかの判断基準

愛撫が完了したら、いよいよ挿入です。

しかし、無言でいきなりペニスを入れるのは、乱暴だと思われる可能性があるので注意しましょう。ペニスを入れてよいか判断し、それから挿入すれば、彼女も安心してペニスを受け入れることができます。

ペニスを挿入してよいかを判断するための、もっとも簡単で効果的な方法は、聞くことです。事前にペニスを挿入してよいか聞けば、失敗は絶対にありません。

ペニス挿入にあたっての言葉は、「入れていい？」で構いません。それで彼女が頷けば、それでよいのです。

また、身体の準備の面では、「愛液で十分に性器が濡れていること」「指の挿入で膣が広がっていること」が挙げられます。これらを怠ると、彼女に痛みを感じさせてしまう可能性があるでしょう。

コンドームについては、挿入する前に装着することが望ましいので、彼女から挿入のOKが出てから付けます。

Column

避妊方法

セックスと避妊は切り離せない関係です。セックスは子供を作る行為なので、避妊をしなければ、妊娠する可能性が十分あります。最もベーシックな避妊方法であるコンドームを必ず使用しましょう。

望まない妊娠で身体が傷つくのは女性です。
彼女を愛する行為がセックスなので、避妊をしないセックスは彼女を愛していないと言わざるを得ません。
コンドームを忘れたからといって、生でするのは言語道断です。

また、セックスにあたっては、避妊方法について男性もきちんと知る必要があります。
セックスに臨む前に、コンドームを正しく付けられるように練習をし、保管方法や使用の注意点が記された説明書に必ず目を通しましょう。

処女と非処女

　女性はセックスをすると処女膜が破れるため、セックス経験後に身体的変化があります。
　また、セックスは体液交換であり、「女性は受け入れる側である」という認識が多くの男性にとってあるため、セックス経験のある女性を汚らわしいと思う人がいます。
　しかし、そのような考えは、女性を都合のよい存在だと思い込んでいるにすぎません。
　「好きになった相手と繋がりたい」思いは、女性も同じです。
　過去の恋愛が適当で、軽い気持ちでセックスを経験した訳ではありません。

　彼女があなたと付き合えたのは、過去の恋愛にケリを付け、あなたに希望を見出したからです。
　そして、人の愛し方を知っている女性は、前の彼氏以上に、次の彼氏を大事にします。

　また、男性は童貞であることを恥じ、劣等感を抱く場合がありますが、それはそもそも間違いです。
　女性にとっては、自分と出会うまで童貞を守り、自分に捧げてくれることに嬉しさすら感じるもの。
　彼女は、あなたの童貞な部分も含めて愛しています。心から好きになった女性であれば、過去に目を背けず、きちんと向かい合いましょう。

3-25 3rd chapter: The first SEX

挿入に適した体勢に移動しよう

ペニスの挿入は、一見簡単なように見えますが、意外と難しいものです。

難しさの理由は、ペニスの挿入が、ペニスの角度と膣の角度を合わせなければ挿入できないことによります。

そのため、いくら気持ちがお互い盛り上がっていても、お互いの性器の角度を合わせなければ、挿入はできません。

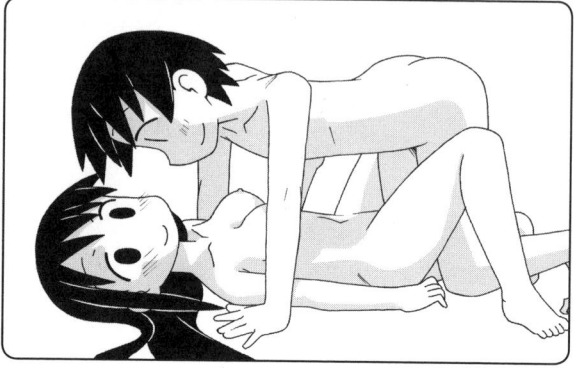

そこで、まずは挿入に適した姿勢に持ち込む必要があります。

挿入に適した姿勢とは、男性が女性に覆いかぶさる姿勢です。この姿勢は、正常位に持ち込むための最短の姿勢でもあります。

添い寝状態から、覆いかぶさる姿勢に移るには、女性の肩に手をかけ、女性を仰向けにさせることからはじめます。

女性が仰向けになったら、女性の上で四つん這いになりましょう。このとき、自分の脚を女性の脚の間に入れることが重要です。そうすることで、女性は脚を開かなければならず、正常位に近づきます。

そして、その姿勢で、キスや愛撫を再度行えば、挿入の準備は完了です。

Column

コンドームを付けるタイミング

避妊をするのは当然の行為。それでは、コンドームを付けるタイミングはいつなのでしょうか。

コンドームは、早く付け過ぎると、ペニスの大きさが途中で変わったり、カウパー氏腺液（ガマン汁）が出ることによって空気が入ったり、ぴったりと装着できなくなり、途中で外れるリスクが高まります。

また、装着したままにしておくと、コンドームにあらかじめ塗られている潤滑用オイルが取れてしまい、彼女を痛がらせることにも繋がるので注意しましょう。

以上のことから、コンドームを付けるタイミングは、挿入の直前です。

3-26 3rd chapter : The first SEX

health and physical education for over thirty
how to make love

挿入時のトラブル

　彼女にいざ挿入というときになって起こる問題が「中折れ」や「挿入前に萎えること」です。

中折れ

　中折れとは、挿入中に急にペニスが萎えてしまうことです。
　それまでは、問題なく勃起して行為を行っていたにも関わらず、中折れは突然来ます。ペニスが萎えると柔らかくなるので、もう一度挿入することはできず、コンドームの中にも隙間ができてしまうでしょう。
　そうなれば、再度勃起するまで待って、コンドームを付け直してから、挿入のやり直しです。
　中折れの原因は、精神的なものと、肉体的なものがあります。精神的な原因とは、セックス中に緊張し、「本当に彼女の膣内で射精できるだろうか」などと不安になることです。
　このような不安に駆られると、途端に自信がなくなり、ペニスが萎えてしまいます。挿入中には余計なことは考えず、目の前の彼女のことだけを考えましょう。
　愛する彼女が目の前で裸でいるのであれば、興奮しないわけがないのですから。

　中折れの肉体的理由とは、セックスの感覚がオナニーと大きく異なることです。強く握るオナニーや床オナニー、刺激の強いオナホールでオナニーを繰り返していると、女性器の刺激では、射精に至れない可能性があります。
　そのような場合は、禁欲が一番の解決法です。1週間はオナニーを我慢してセックスに臨めば、彼女の膣内で射精できるでしょう。

挿入前に萎える

　挿入前に萎えてしまうことは、脱童貞のステップで発生しがちなトラブルです。その理由は、緊張です。どんなにセックスを頭でシミュレーションしても、いざ本番となると、誰でも緊張するものです。
　挿入前に萎えてしまったら、焦りは禁物です。焦れば焦るほど、勃起できなくなります。再度勃起させるには、一旦時間を置いて、彼女と触れ合って勃起させましょう。
　また、女性によっては、自分の身体に魅力がないから勃起しないと勘違いしてしまうこともあるので、中折れしたり挿入前に萎えたときは、「緊張してしまって」と正直に言うほうがよいでしょう。

3-27 はじめてのセックスと体位

彼女とするはじめてのセックスの体位は、基本的に正常位です。

体位には、正常位の他にも、後背位や座位、騎乗位などがあります。しかし、正常位以外の体位には、さまざまな特徴や利点がある代わりに、デメリットもあり、「無難」ではありません。

彼女とする最初のセックスは、それっきりではなく、その後に繋げる必要があります。そのため、1回目は正常位で済ませ、セックスの相性が悪いと思われるリスクを避け、2回目以降のセックスで、他の体位を試すことが彼女と長くセックスを楽しむコツといえるでしょう。

また、正常位以外の体位は、「後背位＝野蛮」「騎乗位＝恥ずかしい」など女性にとって好き嫌いが分かれる場合があります。

しかし、正常位は、その名の通り、人間にとって正常なセックスの姿勢であるため、女性にとって一番抵抗の少ない体勢です。

体位を途中で変えることについても、最初のセックスでは避けましょう。あえて途中で体位を変えて、地雷を踏む必要はありません。

また、体位の変更は、主に男性から行うもの。そして、たとえ彼女が心の底でその体位が嫌だと思っていても、彼氏が望むならばと受け入れてしまうものです。

もちろん、そんな我慢は、ふたりのセックスライフにヒビを入れる原因となります。色々な体位を試したいのであれば、2回目以降のセックスで、彼女の好みを聞いて、それに合わせてふたりで開拓しましょう。

彼女とするはじめてのセックスでは、「バックから突いて」などと体位を指定されない限りは、正常位で挿入し、そのまま射精を迎えることが望ましいといえます。

ペニスの動かし方

ペニスの動かし方は、挿入してからのピストン運動に目が行きがちですが、それだけではありません。

セックス時のペニスの動きは、最初に女性器に入れる瞬間から気を使わなければなりません。

❶ ペニスの挿入方法

ペニスの先を膣の入り口に当てがい、亀頭を膣の入り口に少し擦り付けます。

これはコンドームをしている場合、ペニスの先が乾きやすく、そのまま挿入しようとすると、痛みを伴う場合があるためです。

そこで、愛液をペニスに塗り、スムーズに挿入できるようにするわけです。特に、膣の入り口は、非常に敏感なので、無理やり挿入しないようにしましょう。

亀頭が潤ったら、ゆっくりと膣内にペニスを突きたてるように挿入します。膣の入り口が分かりにくいときは、指先で探り、ガイドを付けて挿入しましょう。

女性が処女である場合、ペニスが先に進みにくいような感覚を持ちます。処女膜がペニスの挿入を阻むため、ペニスを突きたてても、ヴァギナからはね退けられるようになって挿入できません。

そこで、処女の場合には、ペニス自体を手で持ち、ヴァギナにペニスがそらされないようにして、ゆっくりと挿入しましょう。

❷ 亀頭が挿入できたら

亀頭が膣内に挿入できても、一気に根元まで挿入してはいけません。

女性は、挿入の瞬間が気持ちよいもの。また、ペニスの大きさに膣が慣れていない状態で、一気に挿入すると、痛みを伴う場合があります。

そこで、亀頭が隠れる程度まで挿入したら、一旦抜けるぎりぎりまで後退させ、再度挿入します。再度挿入するときは、最初よりも少しだけ深く挿入しましょう。

そうすることで、女性は挿入の瞬間の気持ちよさを何度も味わうことができ、少しずつ深く挿入することで、苦しさを軽減することができます。

動きの早さは、ペニスで膣の感触を味わうように、ゆっくり動きましょう。

根元まで挿入するのに、以上の動きを5～6回繰り返すのが目安です。

❸ **根元まで挿入できたら**

　根元まで挿入したら、ピストン運動です。もちろん、高速で突けば痛みに繋がるので、はじめはゆっくりとピストンしましょう。

　正常位では、男性が動かなければピストンできないので、腰を前に出すようにして、ペニスを前後に動かします。

　また、ヒザだけで自分の体重を支えて正常位のピストンをしようとすると、思うように身体を動かせません。足の指を曲げ、踏ん張りが利く姿勢を作れば、ピストンしやすくなります。

Column

health and physical education for over thirty
how to make love

気持ちを込めて動こう

　ペニスの挿入は、アダルトビデオなどのイメージで、荒々しくピストンするものと捉えがちです。しかし、そのような挿入は、処女の場合はいわずもがな、女性に痛みこそ与えど、快感を与えることに繋げるのは難しいといえます。

　ペニスの動かし方は、スピードや強さよりも、どれだけ気持ちを込めるかが重要です。ゆっくりでも構わないので、彼女の表情や息遣い、声を聞きながら、愛する気持ちを動きで伝えましょう。

挿入中に行うこと

挿入は、ただペニスを膣に出し入れするだけでなく、その他の動きを組み合わせることで、さらに密度の濃いセックスを行うことができます。

キスや頭を撫でる

挿入中にキスや頭を撫でることです。特に正常位は顔同士が近付くので、挿入しながら頭を撫でたり、キスしながら挿入すれば、より充実したセックスとなります。

乳房愛撫

挿入しながらの乳房愛撫は、複数の性感帯を同時に刺激するので、女性に強い快感を与えることが可能です。

手を繋ぐ

セックス中に手を繋ぐのが好きな女性は多いもの。これは、ペニスを挿入されながら手を繋ぐと、心まで繋がった気分になれるからです。ただ繋ぐだけでなく、指を絡ませることも効果的なので、様々な繋ぎ方を試しましょう。

Column

セックスと呼びかけ

セックス中に互いの気持ちを高める重要な要素に、呼びかけがあります。これは、主に挿入中に彼女の名前を呼んだり、「大好きだよ」などとささやくことです。

こうすることで、女性は自分が愛されていることが実感でき、セックスで深く気持ちよくなれます。

もちろん、その効果はすべての愛撫でも期待できます。乳房や性器を愛撫しながら呼びかければ、その行為の与える快感を強めることができるでしょう。

また、彼女の名前を呼ぶときに、普段「ちゃん」付けをしていたら、セックス時は呼び捨てにすれば、ギャップで効果をさらに期待できます。

3-30 射精

3rd chapter: The first SEX
health and physical education for over thirty
how to make love

挿入した状態が続けば、射精に至ります。

そして、射精は男性にとって、性感が最高の状態で、女性にとっても、彼氏のすべてを受け止めるような充足した思いを得ることができる瞬間でもあります。

そのため、射精時は、ふたりの気持ちが最高のときに迎えるのが望ましく、射精の瞬間は、男性が射精をすることを伝えることがよいでしょう。こうすることで、彼女は、もうすぐ射精するんだなと分かり、気持ちの盛り上がりを共有できます。

声のかけ方は、射精しそうだと思いはじめたときからはじめましょう。

彼女の名前を呼ぶことはもちろんですが、「もうすぐ出そう」「いきそう」など、思ったことを口にするだけで充分です。

射精までの時間については、個人差があります。しかし、無理やり射精を我慢する必要もありません。おおむね、10分〜15分程度が、長過ぎず、短か過ぎない挿入時間なので、まずは10分くらいを目指しましょう。

Column

health and physical education for over thirty
how to make love

射精直後の処理

射精をしたら、ペニスを抜き取るまで注意しなければなりません。

せっかくコンドームで避妊をしても、抜き取りに失敗して、精液が漏れてしまえば、まったく意味がありません。

特に、射精後は体力を消耗し、意識がもうろうとする場合もあるため、ペニスの抜き取りには、特に注意しましょう。

また、精液は少しでも漏れれば、妊娠に繋がるので、一滴も漏らさないよう心がけてください。

ペニスを抜き取るタイミング

ペニスの抜き取りは、射精後すぐに行いましょう。ペニスは射精後に急速に萎えるため、射精後に挿入したままでは、コンドームとペニスの間に隙間ができ、精液が漏れる可能性があります。

ペニスの抜き取り方

ペニスの抜き取り方は、ペニスの根元をコンドームごと持ち、腰を引いて抜きます。

このとき、一気に抜こうとすると、愛液で滑り、コンドームを膣内に残すことに繋がるので注意しましょう。

使用後のコンドームの処理

抜き取ったコンドームは、すぐに口を縛り、捨てましょう。

これは、コンドーム内の精液が何かの拍子に外に出て、妊娠するのを防ぐためです。

第四章

初セックスの事後

30歳の保健体育
health and physical education for over thirty
how to make love 夜の恋愛編

4th chapter :
After the first SEX

事後…

それは
鳥のさえずりで
目を覚ます腕の中の彼女

ん…

ピヒ…

おはよ

それを見つめ
微笑む俺

「昨日は最高の夜だった…
可愛かったよ…」

「やだもう…
ちょっぴり恥ずかしいな」

朝の光に包まれながら
愛を紡いだ軌跡を語り
笑い合う至福の時なのだ…

ってのが
俺のイメージだった

しかもまだ夜
現実
べしべしっ
ちょっと！
なんつー顔
してんの！
バカ野郎!!
バチコーン
出したら終わり
じゃないわよ！
達成感と疲労感と
賢者感がないまぜで
頭働かねえ…
とりあえずタバコ吸って
気分転換していーかな…
はぁー…
ぐったり
スッパー
派手なアクション
慎めよ!!
?
ヒソヒソ
事後に速攻タバコなんて
最も避けるべき行為よ！
逆の立場ならどう思う！
それは
ショックだ…
でしょう
おお…

他にも
ケータイチェックや
テレビをすぐつけるのも
避けた方がいいわ

セックスの余韻が
吹っ飛んで冷めかね
ないからね

じゃあ何するのが
ベストなんだ？

そりゃ勿論
小粋な
ピロートークよ

こくき…

良かったか!?

よ…

田中！
えっと…
その…

うぅ…

…山田君は
どうだった？
ゴニョゴニョ
俺!?
そ…そりゃ勿論
最高でし…た…
よかった
そうなのが
一番嬉しいよ
うまいことごまかしたな彼女…
山田…!!
変に肩肘張らず
ゆるいイチャイチャを
楽しみましょう
キャッキャッ
あとは若い者に任せて
ウフフ
えー…悪い例を示して
くれたところで…
事後はまったりくっついて
キスしたり軽いおしゃべりを
楽しむのが好きな女性が
多いものよ

4-01 4th chapter: After the first SEX

射精後

　射精後にペニスを抜いたら、男性は疲労困ぱいで、何をする気も起りませんが、女性にとってはセックスの余韻が続いています。
　ここからは、ペニスを抜き、コンドームの処理をしてからの時間について考えてみましょう。

ティッシュを渡す

　女性器は、セックス後に愛液で非常に汚れます。女性の気持ちとしては、早く性器のじっとりした感じから抜け出したいものです。
　そこで、男性がティッシュを渡し、性器を拭くように誘導してあげれば、気遣いのできる男性だと思ってもらえるでしょう。
　また、いくら女性は性器を拭きたいといっても、男性が拭いてあげるのはNGです。いくら愛撫を今まで散々していても、女性はセックス後に性器を触られると、恥ずかしさを感じます。

ペニスを拭く

　女性が性器をティッシュで拭いている間は、拭いている様子をまじまじと見ていてはいけません。排泄を行っている様子を見られるのが恥ずかしいのと同様に、女性にとっては見られたくない瞬間です。
　そこで、女性が拭いている間に、目をそらしつつペニスを拭きましょう。
　ペニスもセックス後には精液や愛液で汚れているもの。ティッシュでベタ付きをしっかりと落とします。

Column

health and physical education for over thirty
how to make love

テンションの違いに気を付けよう

　男性は、射精すると一仕事終えたような達成感を持ち、一瞬でテンションが冷め、そこでセックスは終わりだという気持ちを持ちます。
　しかし、女性は、男性が射精しようと、自分が絶頂に達しようとも、事後一時間くらいはセックスの余韻が続くもの。
　そのため、男性が射精後にいきなり、気持ちを切り替えた態度をとれば、女性は自分のテンションとの差を感じてしまいます。
　事後は、彼女の様子をよく見て、お互いのテンションに違いが生まれないように気を付けましょう。

4-02 4th chapter: After the first SEX

health and physical education for over thirty
how to make love

事後の触れ合いの大切さ

セックスは射精して終わりではありません。
行為の最中はもちろん、行為後も、彼女との愛を深める絶好の機会です。
普段は言えない悩みや本心も、セックス後であれば言えるでしょう。
また、日常では口にできない、セックスの好みや性の疑問をヒアリングする場としても、セックスの事後は最適です。

また、女性にとっては、事後の触れ合いは、セックス中と同じくらいに、充足感を得ることのできる時間です。男性は、「賢者タイム」とも呼ばれるような、射精後に世界のすべてを悟るかのような冷静な時間が訪れます。
しかし、女性にとっては、射精は明確なセックスの区切りではありません。
そのため、男性が射精後に訪れる感覚に惑わされて、女性を放置したり、そっけない態度をとれば、彼女をひどく傷つけることに繋がります。

セックスは、射精後で終わりではなく、ベッドで過ごすロスタイムがあることを忘れないようにしましょう。

Column

health and physical education for over thirty
how to make love

事後に対する考え方の男女差

男性はご存じの通り、射精後には多くの体力が奪われ、何をする気も起きなくなります。しかし女性は、セックスで体力を消費しても、男性に甘えたり、いちゃいちゃしたい欲求は消えません。
それどころか、女性にとっての挿入や愛撫は、心が繋がるためのひとつの要素でしかありません。
事後のいちゃいちゃや、ピロートークは、女性にとって肉体的快感を得るためのセックスと同等、もしくはそれ以上に重要な時間であることを忘れないようにしましょう。

4-03 4th chapter: After the first SEX

health and physical education for over thirty
how to make love

NGな態度

セックスの後に何をすればよいか考える前に、まずは絶対にしてはいけない態度について考えてみましょう。

寝る

射精後にすぐ寝てはいけません。特に、彼女に背を向けて寝ると、彼女に孤独感を味わわせることになります。どうしても眠い場合は、彼女を腕枕し、いっしょに寝ましょう。

すぐ着替える

射精後に服を着たくなっても我慢です。まずは、彼女と裸で過ごしましょう。寒い場合は、布団をかけて抱き合って温め合いましょう。もちろん、そのまま寝れば風邪をひいてしまう可能性があるので、裸で抱き合うのは、事後30分から1時間程度、ピロートークの間までです。

テレビやパソコンをする

ラブホテル、家を問わず、セックス後にテレビやパソコンを付けてはいけません。セックス前にスイッチが入っている場合には、必ず消してからセックスに入り、事後も消したままにしましょう。

タバコ

事後の一服は禁物です。喫煙者にとっては、全身運動であるセックスの後は疲労しているので、タバコを吸いたくなるかもしれません。しかし、ひとり彼女の横で喫煙するのは、彼女は放っておかれた気分になるでしょう。

4-04 4th chapter : After the first SEX
ピロートーク

　セックスの後に、ただ彼女と枕を共にするだけではいけません。セックス後だからこそ話せることもあるものです。
　ここでは、そんなピロートークについて考えてみましょう。

　ピロートークは、彼女を気遣うことからはじまります。彼女とのはじめてのセックスでは、行為中に彼女が言えなかったこともあるかも知れません。
　そこで、行為中に痛くなかったか、疲れていないかなどを気遣えば、彼女は自分が大切にされていると実感できるでしょう。

　その後、行為自体についての感想を聞きたい場合も、「よかったか」を聞くのではなく、「嫌な点はなかったか」を聞くことが望ましいといえます。
　「よかったか」の視点で聞くと、彼女は上から目線で話されているような感覚を持つ可能性があるので、あくまでも、不満点がなかったかを聞くスタンスで話を聞けば、素直な感想を聞けるでしょう。

　また、ピロートークでは、男性も素直になれるので、日頃は恥ずかしくて言えないような、彼女を褒める言葉も言えるでしょう。もちろん、彼女も褒められて嬉しいので、愛を深めるのに役立ちます。
　セックス中に感じた可愛さはもちろん、普段感じている彼女の好きなところを積極的に口にしましょう。ピロートークで改めて愛を伝えれば、彼女はセックス自体によい印象を持ち、次回以降のセックスが充実します。

Column
ピロートークと共に行うこと

　ピロートークは、同じ布団の中で行うだけでも効果はあります。
　しかし、腕枕や、頭を撫でること、抱き合うことで、その効果をさらに期待できます。他にも、くすぐりあったり、耳元でささやいたりしてもよいでしょう。

　もちろん、ピロートークをしながらであれば、乳房や性器に触れる抵抗もお互い少なくなります。そして、性器の触れ合いはセックスに繋がるもの。
　ピロートークの先に2回目のセックスがあることも覚えておきましょう。

4-05 4th chapter: After the first SEX

health and physical education for over thirty
how to make love

腕枕

　セックス後の基本姿勢ともいえるのが腕枕です。
　腕枕は、密着度が高い姿勢なので、セックスの余韻そのままにふたりの物理的距離を近づけたままにすることができます。
　腕枕の姿勢になるには、彼女の頭をどちらかの腕の上に載せることからはじめます。寝ている状態で、頭の下に腕をまわすのは難しいので、「腕枕しよっか」などと彼女に腕枕をすることを伝えるのがよいでしょう。
　頭の下に腕が入ったら、彼女の肩を抱き寄せ、胴体に抱きつくような姿勢にさせます。こうすることで、彼女の顔が自分のほうに向き、キスがしやすくなり、脚も絡ませやすくなるでしょう。
　もちろん、腕枕の状態で頭を撫でたり、腰に手をまわしたり、キスをするのも、ふたりの距離をさらに近づけるのでお勧めです。

Column

health and physical education for over thirty
how to make love

腕のしびれにはご注意を

　腕枕をしていると、セックス後の疲れと相まって眠くなります。しかし、腕枕の状態で寝るのは危険です。人間の頭は重いため、腕枕の状態を続けると、血流が止まり、神経が圧迫されます。
　そして、その状態が続いて表れる症状が、腕のしびれです。
　大抵の場合は、起きてしばらくすると血流が回復して、しびれも治ります。しかし、腕枕の状態が6時間以上といった長期にわたると、しびれが治らず、場合によっては半年から1年腕のしびれが続く可能性もあるのです。
　そのため、腕枕をしたまま寝ることは避け、できるだけ、寝るときは腕を抜いて抱き合って寝るようにしましょう。

4-06 4th chapter: After the first SEX

health and physical education for over thirty
how to make love

下着や服を着るタイミング

　セックスの後、裸で抱き合ってピロートークをしていると、下着や服を着るタイミングを見失いがちです。
　もちろん、事後にすぐ着てしまうのは避けなければなりません。彼女に行為目的だと思われてしまう可能性があります。
　しかし、朝までずっと裸のままでは身体が冷えてしまったり、裸で寝るのは嫌というケースもあります。ここでは、事後に下着や服を着るタイミングについて考えてみましょう。

下着を着るタイミング

　射精後にペニスを抜くと、コンドームの処理、女性にティッシュを渡して性器を拭く時間があります。そのタイミングが、下着を付ける絶好のチャンスです。
　ペニスをティッシュで拭き、下着をその流れで穿きましょう。
　彼女については、ティッシュを渡して性器を拭くまで待って、汚れたティッシュを捨てるために受け取り、それと交換で脱いだ下着を渡します。
　そうすることで、彼女は下着を自然と穿きます。
　ブラジャーについては、女性は就寝時には着用しないので、渡さなくて構いません。

服やパジャマを着るタイミング

　原則的にセックス後は下着のみで過ごします。それ以外のものを着るタイミングは、シャワー以後です。ピロートークがひと段落し、シャワーを浴びれば、自然と服を着ることになります。
　泊まりの場合で、シャワーを浴びずに就寝しそうなときは、「裸で寝ると風邪をひいちゃうよ」などと、服を着ないことを心配する言葉をかけるとよいでしょう。そして、彼女が着るのと同時に自分もパジャマを着ます。

Column

health and physical education for over thirty
how to make love

散らばった服は拾ってあげよう

　セックスに至るまでには、ふたりとも一心不乱にお互いを求め合うことも多々あります。
　そのような心理状態では、脱いだ服をたたむ余裕はありません。
　そのため、事後にはベッド周りに脱いだ服が散らばっていることもあり、事後に服を着ようとしても自分の服が見つからないこともあります。
　そのようなときは、彼女の服を探して渡してあげるようにしましょう。

4-07 4th chapter : After the first SEX

health and physical education for over thirty
how to make love

事後のシャワーやお風呂

　事後のシャワーやお風呂は、女性によって考え方は様々です。
　セックス後に身体を洗わず、そのまま服を着て帰宅できる女性もいれば、必ず身体をきれいにしたい女性もいます。

　しかし、セックス後の入浴やシャワーは、いっしょに行えばピロートークや腕枕と同じように、ふたりの距離を縮めることに役立ちます。

　もちろん、セックスと違い、明るいところで裸になるので、いっしょにシャワーやお風呂に入ることについて恥ずかしさを感じる場合もあります。
　そのため、いっしょに入るのであれば、セックス後はシャワーではなく、入浴剤を入れて湯船に浸ることがオススメです。
　シャワーでは、お互いが立ったままなので、裸をふたりで晒すことになり、恥ずかしさを感じる可能性があります。
　しかし、入浴剤で濁った湯船であれば身体が見えないので、彼女は恥ずかしさを感じにくくなります。
　もちろん、湯船にふたりで入れば、身体が触れ合い、落ち着いて会話をすることも可能です。

　身体を洗うときは、お互いに洗い合うとよいでしょう。背中を流したり、身体をスポンジで拭いてあげれば、他人に身体を洗われる恥ずかしさや、くすぐったい感触で、ふたりの仲を深めることに役立ちます。

　彼女とお風呂やシャワーに入るときの注意点としては、髪を濡らさないように気を付けることです。女性の髪は長く、乾かしにくいので、濡らさないように気を付けましょう。長い髪の彼女で、髪をまとめるゴムがなければ、風呂場に入る前に、髪に巻くタオルを渡すようにします。

　また、時間がない場合や彼女がいっしょにお風呂に入ることを拒んだ場合は無理強いせず別々に入り、次回を待ちましょう。

4-08 就寝準備と朝の迎え方

お泊りやホテル、旅行時の夜にセックスをした場合は、事後に就寝します。ここではセックス後の就寝と朝の迎え方について考えてみましょう。

就寝は、大きく分けて、事後に風呂やシャワーを浴びる場合と、そのまま寝る場合に分けられます。風呂やシャワーを浴びる場合は、出た後に当然パジャマや部屋着を着るので、寝ることは簡単です。

しかし、事後にそのまま寝る場合は、セックスの疲れに任せてそのまま気を失うような感じになることも多いものです。事後直後は火照っている身体も寝てしまえば冷えるので、風邪をひかないように、布団は必ずかけるようにしましょう。

また、気力があれば、彼女に声をかけて、パジャマや部屋着を着るようにしましょう。
もちろん自分だけが着替えるのは、彼女を孤独にさせてしまうので避けましょう。着替えた後も、もう一度ベッドで抱き合うのも忘れずに。

Column 寝ている間のトラブル

彼女とはじめての夜は、新たな発見があります。
寝顔の可愛さや、眠るときも彼女といっしょにいられる幸せは、なににも替え難いものです。
しかし、夜を共に過ごすことで知る彼女の一面は、もちろんよい面だけとは限りません。いびきや歯ぎしり、寝相の悪さなど、はじめて知る彼女を見ることもあるでしょう。

残酷ですが、それも彼女の姿です。目を背けるのではなく、正視して彼女のすべてを受け入れましょう。
彼女も同様に、あなたの知らなかった面を見てしまう可能性があるのですから。

4-09 4th chapter: After the first SEX

health and physical education for over thirty
how to make love

朝食

　彼女と迎えるはじめての朝は、彼女とはじめていっしょに朝食を食べる朝でもあります。前夜のセックスや、枕を共にした余韻そのままに食べる朝食は、彼女と同棲しているような気分を楽しむことができるでしょう。
　朝食のメニューは普段と同じでも構いませんが、せっかく彼女といっしょに食べるのであれば、気分が盛り上がるものを食べたいものです。
　もちろん、普段は朝食を抜いていても、彼女と迎える朝は朝食を食べましょう。
　彼女と共に食べる朝食は、手作りの朝食と、買ってきたものを食べる朝食に分かれます。

　手作りの朝食は、彼女に作ってもらう場合や、自分で作った朝食をいっしょに食べることです。
　もちろん、料理のスキルが必要で、眠い朝から料理をしなければならないので若干ハードルは高いといえるでしょう。手間がかかる朝食は、彼女が望んで作る場合を除いてなるべく避けたほうが無難です。
　手作りの朝食を食べたい場合には、ホットケーキやトーストなど時間と手間がかからないものを選びます。

　買ってきた朝食は、泊まりの前日に購入したパンやヨーグルトを食べることです。
　なにも手を加えることなく食べられるのでお手軽ですが、買ってきたものをそのまま食べるのは味気ないもの。飲み物をコップにそそいだり、パンを皿に乗せれば、それだけで朝食らしい雰囲気を味わえるでしょう。

Column

health and physical education for over thirty
how to make love

朝食は前日に入手しておこう

　彼女と食べる朝食は、手作りの場合も、買ってきたものを食べる場合も、前日に購入しておきましょう。
　前日に朝食を入手していない場合、朝から買いに行かなければなりません。
　しかし、泊まった翌朝は、彼女は化粧を落としているためすっぴんです。
　女性の多くは化粧をせずに出歩くことに抵抗感を抱きます。そのため、買い物はおろか、コンビニにすら行けないもので、男性がひとりで買いに行くこととなってしまい、彼女といっしょに朝食を選べません。
　そうならないためにも、朝食は泊まる日のうちに購入するようにしましょう。

第五章

30歳の保健体育
health and physical education for over thirty
夜の恋愛編 how to make love

5th chapter :
Practiced SEX

2回目以降のセックス

祝！脱童貞！

あの夜から俺の中に積もりに積もった

約30年せき止めていた思いが決壊せんばかりに溢れ出てきている…

それは…

もっといっぱいHがしたい!!

色んなプレイがしたーーーい!!

ストレートすぎ
だってそうだろ
恋人がいて！
初めても済ましたなら！
サルか あんたは
AVや漫画でしか
見たことないようなこと
してみたいのがサガだ！
ほぅ
例えば？
まず定番中の定番
コスプレ！
妄想タイム突入
裸エプロンで
おかえりなさいアナタ♡
ご飯にする？それとも私？
勿論アナタです！
いただきます！的な!?
裸エプロンで料理は
油がはねてあぶないよ
次は
場所を変えてのHだな！
野外とか刺激的じゃん！
お風呂で極楽気分
味わいつつH突入も
夢だよな！
野外は盗撮の
危険性があるよ
浴槽で挿入すると
お湯（雑菌）も入って
あぶないよ

あと外せないのは
大人のオモチャ！
機械の刺激に翻弄される様とか
最高にそそるし！
ごついバイブとか
いきなり出されても
引くよ
一日に何回Hできるかに
挑戦もしたいよな～
ヒリヒリして
痛いよ
もうムリだよぅ
いちいち
水差すなよ もー!!
そんな目先の
シチュエーションばかりに
捕らわれるとセックス自体が
手抜きになりかねないわ
今は
スタンダード
セックスを
極めなさい！
極めるって
どうやって…
!?
行け！
性感帯開発機
ペロペロ君！

じっくり開発
していくのも
奥が深いわよ？
耳　背筋
指先etc…
胸や陰部だけが
性感帯じゃないわ
Good Point
わかつたから
止めて　これえええ
わ
わかつ
でもよく分かったよ…
確かに俺のテクニック
レベルはまだまだ低い
ペロペロ君に
完敗するほどだ…
コスプレとかの
領域に行くには
普通のHで満足
させてからだな…
よし！
しかし
男の喘ぎ声は
気持ち悪いわね…
誰のせいだ
誰の!!
さぁ
実践練習よ！
いでよ！
北極ちゃん！
ボワワン
またこれか!!
気に入ってんのか!?
クピド！
レッスンを頼む！
おっ
やる気じゃない
じゃあ私も
張り切っちゃおう
かしら！

5-01　回数を重ねることで愛が深まる

　セックスは、同じ女性と何度も行なうことで、どんどん内容が充実します。それは、セックスの好みが人によって異なり、誰もが絶対に満足できる方法がないことによります。
　そもそも、1回目のセックスは、ともすれば無難な失敗しないセックスで、気遣いも含めた最低限の性行為ができることを相手に見せる側面があります。
　もちろん、そのようなセックスでは、不快な思いこそお互いしないものの、極端に気持ちがよくなることもありません。

　しかし、2度目以降のセックスでは、前回のセックスを踏まえてセックスを行えるので、レベルアップを見込めます。
　彼女のことを愛していれば、なにをすれば気持ちよくなるのかや、満足できるのかは、回数を重ねるごとにおのずと見えてくるものです。

　また、回数を重ねることで自分の願望を彼女に伝えられるようになり、彼女を喜ばせたいという思いも強くなります。
　そして、彼女のことを思う気持ちが強くなることは、愛の深まりに他なりません。

　具体的な内容についても、1回目のセックスでは、好き嫌いが分かれやすいプレイを避けたり、汚いと思われる可能性のあるプレイも避けます。
　しかし、セックスの回数を重ねれば、相手の許容範囲が見えてくるので、オーラルセックスやフェチなプレイへの道も開けます。

　また、女性の中にも変態的な願望やフェチを男性同様に持っている場合があります。もちろん、そのような性癖は、付き合っている彼氏であっても、さらけ出すまでに時間がかかります。
　しかし、セックスの回数を重ねることで、安心感を抱くようになれば、彼女の心の底にある願望を知ることもできるでしょう。

　彼女の人に言えない性癖は、彼女にとってのトップシークレットです。
　そんな秘密を共有して満足させることができれば、もうお互いに離れられなくなるでしょう。

2回目以降の雰囲気作り

2回目以降のセックスといっても、彼女とはじめてのセックスと同様、雰囲気を作らなければなりません。

最初のセックスは、どうすればセックスできるか、手探りで持ち込みます。
しかし、2回目のセックスは既に成功した実績があるので、前回の方法にならうことがよいでしょう。

彼女は、1回目のときにセックスに持ち込まれた手法やプロセスを覚えていますので、同じ方法を繰り返せば、「あ、彼氏はセックスをしたがっているんだな」と理解できます。
もちろん、1回目のセックスに持ち込む方法は、儀礼的であったり、相手の出方をうかがう面もあるため、2回目以降のセックスでは行わなくてよい部分が出てきます。

手抜きはよくありませんが、セックスをするために、DVDを見たり、おやつを食べる必要はありません。
お膳立てのフェイズを抜かし、ふたりの物理的な距離が近付いたタイミングで、キスや肩を抱いてセックスへの雰囲気を作りましょう。

Column

手抜きに注意

セックスの回数を重ねると、徐々に雰囲気作りに力が入りにくくなります。
しかし、キスや抱き合うことなど、雰囲気を念入りに作ることは、セックスの充実に欠かせないもの。どれだけ彼女とセックスを重ねても、怠ってはいけません。

そこで手を抜いてしまえば、彼女は自分が身体だけを求められていると感じてしまう可能性があります。

2回目以降で可能となる体位

1回目のセックスでは正常位だけだった体位も、2回目以降のセックスではバリエーションを持たせることができます。

もちろん、2回目だからといって女性によっては嫌悪感を抱きかねない体位や、アクロバティックな体位は禁物です。
2回目のセックスでは、まずは正常位に加えて、ひとつかふたつ体位を増やすに留めましょう。

また、どんな体位を組み合わせても、男性も女性も射精時は密着していたいものです。正常位や座位などの、抱き合ってキスをしながら射精できる体位でセックスを終えるのが望ましいといえます。

座位

座位は、向き合って抱き合うことができる体位なので、彼女は正常位と同様に密着感を得ることができます。

体位の移動も、正常位から、上半身を抱きかかえて腰に乗せるだけなので、ハードルが低く、正常位＋αである2回目のセックスで試す体位としてもお勧めです。

また、ベッドに横になっている正常位と異なり、彼女の身体の自由度が上がるため、自分から動くトレーニングにもなります。

そのため、座位は騎乗位の練習としてもよいでしょう。

騎乗位

　騎乗位は、女性から男性の腰の上に乗り、自分から動かなければならず、恥ずかしさを感じる女性が多いものです。2回目のセックスでいきなり試すのは危険です。

　騎乗位を試したい場合は、まずは座位で彼女に自分から動くことを覚えてもらいましょう。

　もちろん、ピロートークなどで、騎乗位が好きだと分かっている場合はその限りではありません。

密着騎乗位

　騎乗位の状態で、身体を男性に預ける体位です。

　この体位は、座位から男性が背中側に倒れるだけで完成します。身体が密着し、キスもできるので、女性にとってはハードルの低い体位だといえるでしょう。

　しかし、最初から密着騎乗位を行うには、女性が自分でまたがり、ペニスを入れなければならず、羞恥心を伴います。

Column

2回目以降のセックスにかける時間

　セックスにかける時間は、1回目であれば雰囲気作りから1時間程度で終わります。しかし、2回目以降は、1時間半や2時間と長い時間をかける傾向があるでしょう。

　これは、プレイ内容が濃くなったり、体位の変更や互いが好きなプレイが分かることで、かかる時間が延びることによります。

　もちろん、意味もなく時間をかける必要はありませんが、お互いが満足できるまで時間をかけることができるのが2回目以降のセックスといえるでしょう。

そのため、彼女とのセックスの回数が少ないうちは、正常位から座位に持ち込み、そこから背中側に倒れるようにして、抵抗感が生まれないように体位を完成させましょう。

バック

バックは代表的な体位ですが、女性にとっては抵抗感を持ちやすい体位でもあります。これは、突かれている間に、肛門が見えてしまううえ、動物的な体位という認識があるためです。

そのため、彼女がバック好きだと分かっている場合以外は、2回目のセックスでは避けたほうが無難です。

また、先に挙げた体位と異なり、正常位とは身体の向きが異なるため、最初からバックの体位で挿入しなければならなく、羞恥心のハードルを下げるのが難しい体位でもあります。

そのため、3回目、4回目のセックスであっても、いきなりバックから挿入するのではなく、「後ろからしたい」などと口でバックでしたいと彼女に伝え、了承を得てからするようにしましょう。

Column

health and physical education for over thirty
how to make love

了解を取ることが円満に進むコツ

　2回目のセックスでは、お互いの身体を知り、お互いがより満足できるようになるはずです。1回目と同じセックスを定型化して繰り返していては、安心感はあっても、新たな発見は望めません。

　そこで、新たな体位を試したり、オーラルセックスやシチュエーションでのセックスを行うのが2回目以降のセックスです。

　しかし、そうはいっても、新たなバリエーションを勝手に進めるのは危険です。

　新たに開拓しようとするプレイが彼女に嫌悪感を与えるものであっては逆効果です。

　そこで、新たなプレイを試す際には、セックス前か、前回のセックス時に、どんなプレイをしたいか伝えることがよいでしょう。

　そういった意味でも、ピロートークで忌憚なく互いの意見を言い合うことは重要です。

5-04 5th chapter: Practiced SEX
2回目以降で試したいプレイ

2回目以降のセックスで試したいプレイは、大きく分けて「オーラルセックス」「シチュエーション変更」「玩具」の3つです。

これらは、女性によっては、背徳的な感情を抱く場合や、様々な先入観によって、好き嫌いが特に分かれるプレイです。

しかし、1回目のセックスで行われる、いわば「行儀のよいセックス」よりも、上に挙げたプレイは、大きな興奮を呼び起こします。
そして、彼女が持っているかも知れない、特殊な性癖も満足させることが可能です。

また、このようなプレイは、世間的には人に言うのがはばかられることとされているので、秘密を共有して、仲を深めることにも役立つでしょう。

2回目以降で試したいプレイを実施するにあたっての注意点は「必ず彼女の同意を得ること」です。
プレイによっては、好き嫌いが分かれ、嫌悪感を持つこともあるので、事前の同意なくしては、彼女を傷つけるリスクがあります。

Column
セックスの頻度

セックス頻度はどのくらいを目安にすればよいのでしょうか。
もちろん、一日中何度もセックスをする日々を毎日のように送るカップルもあれば、月に一度くらいの頻度でしかセックスをしないカップルまで様々です。
しかし、会う機会が十分にあって、お互いがセックスに消極的でなければ、最低でも3回のデートに1度はセックスをしているケースが多いようです。

そのため、デート回数の割に、極端にセックスの回数が少ない場合は、そもそも彼女がセックス嫌いか、あなたとのセックスをよいものと思っていない可能性もあります。
回数に問題がある場合は、彼女に我慢をさせたり、嫌な思いをさせているもの。セックスの不一致が関係の悪化を引き起こす前に、一度きちんと話し合い、彼女の意見を聞くようにしましょう。

| 5-05 5th chapter : Practiced SEX | health and physical education for over thirty how to make love |

フェラ

彼女とのセックスに慣れてから行う代表的な行為は、フェラやクンニなどのオーラルセックスです。

特に、フェラは男性にとって、して欲しいと思う憧れの行為のひとつでしょう。

しかし、女性にとってペニスを口に含むことは、非常に性的な行為であることと同時に、汚い物を口に含む行為であると抵抗を感じる場合があります。

そのため、行為の前に風呂やシャワーで身体を奇麗にしていても、最初のセックスから行おうとすれば、自分が性のはけ口にされていると思わせてしまう可能性があるでしょう。

だからこそ、フェラをしてもらう前に、最低でも1回はセックスし、ペニスを舐めることに抵抗を感じない存在になる必要があるのです。

また、フェラは挿入までの要素のひとつです。いくら気持ちよくとも、射精は我慢して、挿入で射精しましょう。

▌フェラへの持ち込み方

フェラへの持ち込み方で、もっとも単純で簡単な方法は、舐めて欲しいと口で伝える方法です。

口で伝えれば、彼女は即座にフェラを欲しいと理解できます。

しかし、いくら口で伝えるといっても、ただ「フェラして」「舐めろ」のような、上から目線や命令口調は禁物です。

もちろん、そういった虐げられる目線から言われることが好きな女性もいますが、そのような嗜好はマイノリティ。まずはやさしく抵抗がないように伝えましょう。

効果的な伝え方は、「ちんちん舐めるのって大丈夫？」などと、フェラに抵抗が

ないか聞くことです。こうすることで、自分がフェラして欲しいことを伝えると同時に、相手を気遣う印象を与えることができるでしょう。

舐める方法の伝え方

　女性のフェラ経験のありなしに関わらず、彼女の舐め方が必ずしも男性の好みに合うとは限りません。
　そこで彼女に舐め方を伝え、どうすれば気持ちよくなるのか教えましょう。

　もちろん、頭を掴んで無理やり動かしたり、「〜を舐めて」などと指図をするのは強引です。
　そこで、気持ちのよい動きのときには、素直に「そこ気持ちいい」などと伝え、気持ちのよい動きを教えるとよいでしょう。
　また、「〜を舐められると凄く気持ちいい」のように要望を伝えるのではなく、無意識に感想を口にするようにすれば、抵抗感を与えることなく、自分好みに舐めてもらうことができるでしょう。

　また、舐めてもらっている間は、頭を撫でたり、耳を触れるのも効果的です。もちろん、乳房を愛撫してもよいですが、乳房の愛撫は女性によって性感を得過ぎてしまい、フェラにまで気が回らなくなってしまうことがあるので注意しましょう。

Column

health and physical education for over thirty
how to make love

互いにしたいこと、されたいことを知る

　フェラやクンニなどのオーラルセックスや、特殊なプレイは、人によって好き嫌いが別れます。
　もちろん、いきなり行えば抵抗感を抱くことがあるばかりか、ケンカにもなりかねません。

　そこで可能であれば、その場でいきなり「何をして欲しいか」などの提案を行うのではなく、あらかじめ自分のしたいことや、されたいことを彼女に伝えれば、プレイをスムーズに進めることに役立つでしょう。

　そのためにも、お互いが素直に話せるピロートークの時間は重要です。
　セックス後に話し合ったことをフィードバックして、次回のセックスに繋げれば、その場で焦ったり、考えの相違を避けることができるでしょう。

5-06 5th chapter: Practiced SEX

health and physical education for over thirty
how to make love

クンニ

フェラだけでなく、クンニもするのであれば2回目以降のセックスでしたほうが無難です。

多くの男性がフェラをされたいように、多くの女性にとっても強い性感を感じることができるクンニをされたいものです。

しかし、男性のフェラと女性のクンニの考え方の違いとして、多くの女性が、クンニに対して、強い羞恥心を抱くことが挙げられます。

羞恥心の理由は、女性にとって性器を目近で見られるのは、非常に恥ずかしいことであり、性器は汚いもので、「そんな場所を舐められるのは恥ずかしい」という認識であることです。

そのような感覚は、セックスを繰り返すこととは関係がありません。ですので、これは彼女が思うように恥ずかしいことでもなく、汚い行為ではないと分かってもらうしかありません。

といっても、クンニに対する抵抗感を拭うには、「この人になら自分をさらけ出すことができて、性器を舐められても嫌われない」と、心のハードルをかなり下げなければなりません。

そのため、最初のセックスでのクンニは避けたほうが無難といえるのです。

もちろん、風呂やシャワーを浴びていない状態では、上記のような抵抗感は非常に強くなるので、クンニは必ず身体を奇麗にした状態で行うようにしましょう。

クンニへの持ち込み方

クンニもフェラと同様に、口でクンニをしたいと伝える必要があります。「舐めたい」と伝えれば、彼女は彼氏がクンニをしたいと、はっきりと知ることができるでしょう。

しかし、いきなり口で言っても、「汚いから」と断られてしまう可能性もあります。
　それを避けたい場合は、クンニをする前に、まずはフェラをしてもらい、「舐めてもらったから、次は舐めさせて」のように、お礼としてクンニをしたいと伝えるとよいでしょう。

クンニの方法
　クンニで舐めるポイントは、「性器全体」「膣の入り口」「クリトリス」の３つです。３個所を舐める動きを組み合わせれば、指での愛撫とは比べものにならない程の強い性感を与えることができます。

　性器全体を舐める際は、女性器の筋に沿って、下から上に舐めるのが基本動作です。膣の入り口付近から舐めはじめ、クリトリスまで上がる動きを繰り返しましょう。
　膣の入り口は非常に敏感です。舌先をとがらせて、膣に舌が入らない程度に押し付けて舐めましょう。その後、膣の中に舌を入れれば、非常に強い性感を与えることができます。

　クリトリスは、包皮の上から舐める方法と、直に舐める方法に分けられます。もちろん、直に舐めるほうが刺激が強いので、まずは包皮越しに舐めましょう。

　包皮越しに下から舐めれば、少しずつクリトリスが勃起して、舌が直接当たるようになります。その後、指で包皮を左右に開いて、直接舐めましょう。舐め方は、舌先でちろちろと舐めるのが効果的です。

　クリトリスは、乳首のように吸っても性感を与えることができます。キスをするように、口先をとがらせて、クリトリスに唇を密着させて優しく吸いましょう。

　また、舐めながら指でも愛撫すれば、さらに強い性感を与えることができます。クリトリスを舐めながらの膣に指を入れる愛撫、膣の入り口を舐めながらのクリトリスを指での愛撫は、性器の気持ちがよい場所を同時に刺激可能です。
　もちろん、クンニの複合愛撫は最初から行うと抵抗感を持ちやすいので、お互いの気分が盛り上がってきたところで行いましょう。

5-07 5th chapter : Practiced SEX

health and physical education for over thirty
how to make love

シックスナイン

　シックスナインは性器を舐め合う、きわめて欲望に正直な行為です。

　それだけに、抵抗感を抱く女性がきわめて多い行為でもあります。

　また、シックスナインの姿勢になるためには、女性が自ら、男性の顔をまたいで、性器を押し付けるようにしなければならなく、これも抵抗感を与える原因のひとつです。

　もちろん、フェラとクンニの上位互換の行為なので、両方を既に達成している必要がある行為です。

シックスナインに持ち込む方法

　フェラやクンニと同様に、したい意思を示すのが一番簡単です。

　しかし、シックスナインという言葉はグロテスクなイメージを与えやすいので、「シックスナインをしたい」と言うよりも、「舐め合いっこしよう」のようにソフトに伝えるようにしましょう。

舐め方

　シックスナインでの舐め方は、舌だけでなく、手も使うのがよいでしょう。

　クリトリスの包皮は、性器を肛門側から舐めれば剥けますが、シックスナインの姿勢はクンニと顔の位置が逆なので、ただ舐めるだけでは、舌がクリトリスに直に当たりません。

　クリトリスに性感を与えたい場合は、包皮を指で広げて、舌が直に当たるようにしましょう。

　もちろん、クリトリスを指で愛撫したり、吸うのもよいでしょう。膣も同様に、舐めるだけでなく、指で愛撫すれば単調になりません。

5-08 耳や指などを舐めるプレイ

　性器を舐めるフェラやクンニ同様に、耳や指も性感帯なので、舐めることで性感を与えることができます。
　もちろん、耳や指も、オーラルセックスのように、2回目以降のプレイで行うのが望ましいでしょう。

耳を舐める

　耳で強く性感を得る女性は多いもの。男性の視点からは想像が難しいかもしれませんが、女性が性器と同程度に性感を得られるポイントは、実は耳です。
　もちろん、耳自体だけでなく、耳周辺の首筋や耳の裏を舐めるのも、性感に繋がります。

　耳の舐め方は、いきなり耳自体を舐めるのではなく、首筋や、耳の裏からはじめましょう。そうすることで、耳を早く舐めて欲しいと思わせることに繋がり、耳を舐めたときの気持ちよさが倍増します。
　首筋は、肩や鎖骨周辺から舐めはじめ、耳の付け根までゆっくりと舐めましょう。

　耳の付け根まで舌が到達したら、次は耳の裏に舌を這わせます。
　その後、耳自体を舐めましょう。耳自体は、ひだの隙間に舌を入れて舐める動きや、耳の穴に舌を入れるようにした動きが効果的です。
　もちろん、口と耳が近付くので、小さくささやきながら舐めるのも効果的といえるでしょう。

指を舐める

　手や指は性感帯です。愛撫の途中や挿入中に彼女の手や指を舐めれば、愛撫個所にプラスして性感を与えることができます。
　舐める場所は、指の付け根部分の「水かき」を舌で触ったり、指自体を咥えることが効果的です。

　また、自分で舐めるだけでなく、彼女の口に指を入れることも効果的です。指を咥えることは、フェラよりも抵抗感が少ないので、フェラをしてもらう前に、指を舐めさせて、口に男性の身体が入ることに慣れさせるのもよいでしょう。

乳首を舐めるプレイ

乳房愛撫のなかで、乳首を口に含むこともあります。

しかし、乳首自体を入念に口で愛撫することは非常に性的な行為で、彼女は舐められている様子を目近で見られてしまうので、2回目以降のセックスで行うのがよいでしょう。

また、乳首はどちらか一方しか口で愛撫できないので、舐めている間にさらに性感を与えたい場合は、もう片方の乳首を指で愛撫しましょう。

舐める

もっともスタンダードな乳首の舐め方は、乳輪周辺も含め、乳首周辺まで舐めることです。こうすることで、愛撫がしつこくなりすぎず、ほどよい性感を与えることができます。

乳首のみを舐める方法は、舌だけで舐める方法と、口に乳首を含んで、口の中で乳首を舐める方法に分けられます。

乳首を舌だけで舐める方法は、チロチロと舌先で乳首を転がすように舐めることです。舌を硬くしたり、舐める速さや舌を押し付ける強さを調整しましょう。

口に乳首を含んで舐める方法は、乳輪ごと口に密着させ、口の中で乳首を舐めます。この方法では、乳首全体が唾液に包まれた状態で舐められるので、舌だけで舐めるよりも心地よい性感を与えられます。

吸う

乳首を吸えば、舐める以上に強い刺激を与えることができます。

もちろん、強く吸い過ぎれば、痛みを伴うので、注意しましょう。吸い方は、乳首を吸い続けるのではなく、断続的に吸ったり力を抜いて行います。

また、甘噛みをしながら、乳首を吸うことで、より強い性感を与えることが可能です。もちろん、少しの力で大きな痛みも伴うので、乳首の形が変わる程度の力で噛むことを心がけます。

噛む際は、噛み続けるのではなく、はみはみと断続的に噛んだり離したりの動きをしましょう。

5-10 5th chapter: Practiced SEX

health and physical education for over thirty
how to make love

玩具

　手での愛撫では実現不可能な動きも、玩具であれば実現できます。玩具では、手とは違った快感を与えることが可能です。

　しかし、玩具は無機質で人工的な器具で、女性は抵抗感を持ちやすいため、セックスの回数を重ね、彼女の意見を聞いたうえで試しましょう。

ローター

　ローターは女性も知っている代表的なアダルトグッズで、手での愛撫では実現できない、振動を与えることができます。
　性器に挿入するものではないので、使用に際して恐怖感を与えにくいグッズでもあります。また、安価で手に入りやすい点も魅力といえるでしょう。

　ローターの使い方は、その振動を生かして、乳房や性器を愛撫することが基本です。
　スイッチは無段階で、強弱を付けることができるので、与えたい刺激に応じて、調整しましょう。
　具体的なローターでの愛撫は、指での性器愛撫に加えて使う方法と、直接ローターで刺激を与える方法に分かれます。

　指での性器愛撫に加えて使う方法は、先に紹介した、各種愛撫方法と同じ方法を、ローターを握りこんで行います。こうすることによって、すべての手の動きに、振動がプラスされ、指だけの愛撫とは違った性感を与えることが可能です。

　直接ローターで刺激する方法は、ローターを手で持ち、刺激したいポイントに当てることです。
　乳首や膣の入り口、クリトリスに当てれば、振動が伝わり、強い快感を与えることができます。
　しかし、ローターの刺激は非常に強いので、性器や乳首に直接当てると、気持ちよさを通り越して痛みを与えてしまう可能性があります。
　最初は下着越しに当て、振動に慣れてきたところで、様子を見ながら性器や乳首に直に当てましょう。
　また、ローターの刺激は、強く押し付けなくとも十分に伝わるので、軽く当てるくらいで構いません。

バイブ

　バイブもローターと並んで、ポピュラーなアダルトグッズです。

　しかし、バイブは直接性器に挿入するため、「異物」という認識が強く、挿入に恐怖感を覚える場合があります。

　そのため、セックスの回数を重ねたうえで、女性の信頼を勝ち取ってから、使用するようにしましょう。

　また、「女性は大きなバイブほど気持ちよい」と思ってしまいがちですが、それは間違いです。大きなバイブは、痛みを伴うこともあるので、サイズは実際のペニスよりも同じくらいか、小さめを選ぶようにしましょう。

　多くのバイブは、クリトリスに当たる部分と、彫型部分がスイングするスイッチが分かれています。使用に際しては、ふたつの機能の違いを理解して、スイッチを使い分けましょう。

　クリトリスに当たる部分のスイッチを入れると振動を与えます。
　挿入すると、その部分がクリトリスに当たり、性感をもたらします。クリトリスへの刺激が好きな女性は、クリトリスのスイッチのみを入れ、ピストンするのがよいでしょう。ピストンについては、がしがしと強くすると痛みを与えることがあるので注意しましょう。

　彫型部分のスイングは、スイッチを入れると先端がうねり、膣の奥をかき回します。
　そのため、膣の奥が感じる女性は、挿入状態でピストンはせず、彫型部分のスイッチのみを入れましょう。

膣の中とクリトリスの両方に刺激を与える時は、スイッチを両方入れましょう。
　また、スイッチを両方入れると、どちらか一方のみを動かしているときに比べ、動きが鈍くなります。

電動マッサージ機

　電マといわれる、コンセントに繋いで使用するマッサージ機です。広い面積に非常に強い振動を与えることができるため、強い性感を与えることができます。
　そのため、誰でも簡単に、女性を気持ちよくさせることができる器具といえるでしょう。使い方については、ローターと同じく、乳房や性器に当てるのが一般的です。

　電動マッサージ機は、振動の強弱を付けることができない商品が多く、刺激が強すぎるので、性器や乳房に直接当てるのは危険です。
　下着や服の上からでも、刺激が過ぎる場合があるので、タオルで先を包んでから使用するとよいでしょう。
　また、強く押し付けずとも、十分振動は伝わるので、押し付けすぎには要注意です。

Column

health and physical education for over thirty
how to make love

玩具に対する女性の恐怖心

　女性にとって、挿入する玩具は異物で、「入れるのが怖い」と考えがちです。そのため、ローターや電動マッサージ機のような、性器に当てて使う玩具については、使うことにためらいがなくても、バイブやディルドーのような挿入する玩具については恐怖心を抱く場合があります。

　また、バイブなどの、見た目のまがまがしさも、女性に恐怖心を与える原因となります。そのため、挿入するタイプの玩具を使いたい場合は、見た目がソフトなものを選ぶようにしましょう。

5-11 シチュエーションを変えてのプレイ

5th chapter: Practiced SEX

health and physical education for over thirty
how to make love

　セックスは回数を重ねるごとに、持ち込み方や愛撫の手順などがどうしても似通ってきます。
　そこで、効果的なのが、セックスのシチュエーションを変えることです。
　セックスの場所を変えれば、シチュエーションの変化で興奮できるだけでなく、慣れたベッドの上ではないので、当然愛撫の勝手が違い、普段と違うものになるでしょう。

　また、そのように、非常にイレギュラーなプレイは、彼女にとっては抵抗が大きいものです。
　セックスの回数はもちろんのこと、彼女に信頼されたうえで提案しなければ、関係にヒビが入る可能性すらあるので、注意しましょう。

ソファ

　シチュエーションの変化は、家の中からです。
　普段のベッドから降りるだけでも、そのセックスは全く違ったものになります。そして、もっとも手軽に気分を変えられる場所として挙げられるのが、ソファです。
　ソファは、セックスに適した体位をとりやすく、座る場所という安心感から、シチュエーションの変化に抵抗感を持ちやすい女性でも受け入れやすいといえるでしょう。

キッチン・風呂

　ソファ以外で、家の中でシチュエーションを変える場合の代表的なスペースは、キッチンと風呂です。

これらの場所は、セックスを連想させない場所であるため、ただその場でセックスするだけで、興奮を誘います。
　また、キッチンも風呂も、寝そべるスペースがないため、すべての動きを立って行うか、立ちひざで行わなければなりません。
　基本的に電気も点いたままでセックスを行うので、羞恥心は暗いベッドの上とは比べ物にならないといえるでしょう。

野外

　野外でのセックスは、密室で行う普段のセックスと異なり、「誰かに見られるかもしれない」という不安感が伴います。
　しかし、そのような背徳感は快感にも繋がるため、ベッドでのセックスとは全く違った、興奮を得ることができるでしょう。
　野外でのセックスの注意点として、その行為自体が法に触れてしまうということが挙げられます。
　そのため、野外でのセックスは、あくまでもイリーガルなことと認識しましょう。

カーセックス

　車でのセックスも、代表的なシチュエーション変化のひとつです。プライベートスペースである、カーセックスは、家の外ではあるものの、野外プレイと比べて、幾分か羞恥心が少なくなります。
　カーセックスの注意点としては、野外でのセックス同様にイリーガルであること、車の中が汚れてしまう可能性があることが挙げられるでしょう。

5-12 5th chapter : Practiced SEX
ソフトSM・目隠し

　シチュエーションプレイの中でも別格といえるのが、ソフトSMや目隠しなどの主従関係を伴うプレイです。

　カップルは普段は対等な関係なので、主従関係の存在するプレイを行えば、非日常の雰囲気から興奮を得られるでしょう。

　また、ソフトSMは、彼氏が彼女にするだけではありません。彼女が彼氏にすることでも、新たな世界が開けます。
　もちろん、拘束されたり虐げられることを極端に嫌う女性もいるので、その他のプレイ同様に必ずプレイ前に同意を取りましょう。

拘束
　ネクタイやストッキングなどで手足を拘束することです。
　強く縛りすぎたり、後ろ手で拘束すると、転ぶ可能性があるので注意しましょう。アダルトショップで売っている、玩具の手錠や手かせなどを利用すれば、手軽に拘束プレイを楽しめます。

　また、はじめから拘束するのではなく、まずはセックス中に両手首を押さえたり、掴んでセックスをして反応がよければ、上に挙げた拘束方法を試すのが安全です。

目隠し
　視覚を遮ることで、全身の感覚が鋭くなり、興奮が強くなります。タオルなど身近な布を利用したり、アイマスクで目隠ししましょう。
　また、目隠しはアイメイクを崩してしまうので、必ず目隠しをする前に女性に聞くようにしましょう。

言葉責め
　何をされたいのか、しているのか、彼女に言わせることです。どこが気持ちよいのか、次に何をされたいかなどを、普段は口にできない言葉を交えて言わせれば、互いの興奮を高めることができます。

1日に複数回のセックス

　セックスの回数を重ね、彼女とのセックスに慣れてきたら、1日に複数回のセックスをする機会があるでしょう。

　射精でセックスがひと区切りになる男性と異なり、女性は体力が続く限り、何度もセックスを行うことができます。

　2回目のセックスは、1回目のセックスを終えた後に、すぐにはじまる場合と、しばらく時間を置いてからはじまる場合があります。

　1回目のセックスから時間を置かない場合は、ピロートークで盛り上がり、身体を触れ合う中で、お互いの性的なスイッチが入ることがきっかけです。時間を置いてからはじまる2回目のセックスは、1回目の後にお互いが眠り、起きた後に触れ合ってからはじまります。

　1回目で既に射精まで行っているので、2回目への持ち込みは、1回目より簡単といえるでしょう。

　また、2回目のセックスでは、男性の体力がしばしば問題となります。
　男性はご存じの通り、1回射精をすると勃起しにくくなるもの。そこで、1日に複数回のセックスをしたい場合で、射精を連続して行うことが難しいと分かっている場合は、あらかじめオナニーを控えて精力を蓄えておきましょう。

Column

精力

　1日に複数回のセックスを行うためには、強い精力を身に付けなければなりません。
　性欲の高まりは、精力あってのもの。精力がなくては、1日に1回の性行為ですら、どん欲になれず、彼女への思いをセックスを通してぶつけることもできないでしょう。

　セックスに向けて精力を蓄えるには、食事と禁欲が効果的です。
　食事は、3食きちんと食べ、鉄分や、精子を作るために必要な「セックスミネラル」と呼ばれる亜鉛などの栄養素を含む食材を摂りましょう。
　食事での摂取がどうしても難しい場合、サプリメントで補っても構いません。

　禁欲は、長ければ長いほど、セックスのときに反映されます。
　しかし、あまりに長い禁欲は、射精までの時間を短くしてしまうため、1週間くらいをめどに禁欲しましょう。

5-14 繰り返し肌を合わせることの意味

　セックスの回数を重ねる本当の目的は、心まで繋がることです。
　セックスの快感は大きいため、クセになりやすく、何度もそれを求めようと、本能的に行動しようとする側面も確かにあります。

　しかし、セックスは「愛する人をもっと知りたい」と思う結果でもあり、誰かとその快感を共有しようとすることが、本当の目的です。
　それを証拠づけるかのように、男性のオナニーは、射精後に得体のしれない罪悪感を抱くことがあり、セックスでは罪悪感を抱くことはありません。
　女性も、オナニー後に孤独感や罪悪感を抱く場合があり、そのような感覚を抱きたくないがために、オナニーを避ける女性すらいます。
　セックスは、お互い性感だけでなく、愛情を深め合い、お互いのすべてを受け入れる行為です。
　そして、回数を重ねるほどに、性感はお互いの身体を知ることで深くなり、性感を高めるためにお互いを知ろうとする過程で愛情はどんどんと大きくなります。

　もちろん、相手のことを沢山知り、お互いのセックスの性感が大きくなろうとも、相手のことを何もかも知ることはできません。
　お互いを知ることに終わりがないように、セックスの探求にも終わりはなく、そのふたつは密接に絡み合っています。だからこそ、繰り返し肌を合わせることが恋人にとって、仲を深めるために役立つのです。

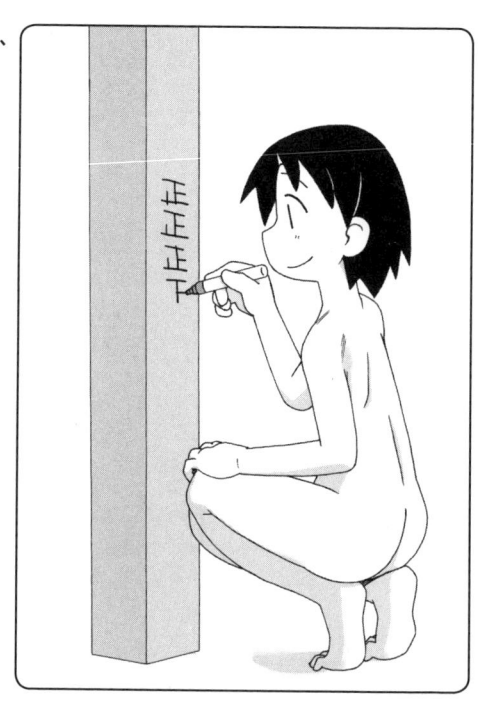

5-15 5th chapter: Practiced SEX

health and physical education for over thirty
how to make love

セックスの先にある世界

　彼女と幾度もセックスを重ねて、行きつく場所はどこでしょうか。

　セックスは、芽生えた愛の存在を確かめる行為であると同時に、愛を深める行為です。セックスの回数を重ねれば重ねるほど、愛は確実に深まります。

　回数を重ねれば、どうすれば彼女が気持ちよくなるかわかるようになり、自分がどうされれば気持ちよくなるか、彼女も理解できるでしょう。
　そして、そのような理解も、セックスの回数に比例して深まります。

　しかし、そもそも、セックスや、その快感を求めること、異性を愛することは本能によるもので、何よりも強い欲求です。

　はじめは、セックス自体が目的で、「彼女とセックスをしたい」としか思っていなくても、回数を重ねるごとに、いつしかお互いに「相手を喜ばせたい」と思うようになります。
　もちろん、愛する彼女と気持ちのよいセックスを重ねれば、当然あなたも彼女と離れられなくなり、彼女もあなたなしでは生きていけなくなるでしょう。

　それだけでなく、セックスを通して、お互いが気持ちよくなろうとしたり、お互いを思いやれば、セックスの時間以外で相手を思う気持ちも大きくなります。

　そのような気持ちは、いっしょにいたいと思う気持ちに繋がり、次第に生活や人生すら共にしたいと思うようになるでしょう。
　そして、ふたりで共に歩もうとする意識が高まれば、セックス本来の目的である、子どもをもうけることへと繋がります。

　セックスの先にあるのは、恋が愛に変わり、彼女が恋人から家族になることなのです。

最近充実してる
みたいじゃない？
そうか？
でもこの間
ゴムが破けてたのは
ビックリしたわね！
ちゃんと空気
抜かなきゃ
ダメじゃない！
なんで知ってんの!?
順風満帆で
怖いくらいだぜ
顔見れば分かるわ
男としての自信が
出てきた感じ
彼女とうまく
いってるみたいね
まっ
順調そうで
何よりだわ
まんがのつづき読もっと
正直な話
以前までの俺は
Hは快楽を得るもの
だと思っていた
ま まぁな…
ラブラブ絶頂期では
あるな

しかし
それだけではない

誰かを愛している自分
誰かに愛されている自分

それを確認し
精神的に結びつく

その素晴らしさを
教えてくれたのは…

この小さい
女神だ

恋愛はABCで
終わりじゃないのよ

Hがあって
その後にはIがある

←パクリ

これからも
彼女を思いっきり
愛してあげなさい

ありがとう
クピド

でも出歯亀は
ほどほどにしてくれよ…

心配して
見てやってんのよ

INDEX

health and physical education for over thirty
how to make love

索引

【あ】
お泊り……………………………………………………… 26、27
オーラルセックス ………………………… 72、106、107、108、109、113
オナニー…………………………………………………………… 77

【か】
彼女の家 ………………………………………………… 34、35、36
玩具 ………………………………………………… 107、115、117
キス……………………………………………………… 55、56、57、72
クリトリス ……………………………… 69、70、111、112、115、116
コンドーム…………………………………………………… 37、74、76

【さ】
自宅デート ……………………………………………………… 26、27
シャワー ………………………………………………… 60、61、94
処女 …………………………………………………………… 11、75
生理 ……………………………………………………………… 67
添い寝 …………………………………………………………… 52、54

【た】
膣……………………………………………………………… 70、71
デート ………………………………… 22、23、25、26、27、32、34、56

【な】
中折れ …………………………………………………………… 77

【は】
ピロートーク ……………………………… 89、91、93、105、106、121

【ま】
身だしなみ ……………………………………………………… 24

【ら】
ラブホテル ……………………………………… 38、39、40、41、52

さいごに

　ただセックスをしたい、童貞を卒業したい――。
　かつて私もそう思っていました。

　彼女を作ろうと、自分なりに努力をしても実らず、いつしか、「彼女を作ったり、セックスをすることに、何の意味があるのだろうか」と考え込むようになりました。
　そのときの答えは、「友人が彼女を作ったり、結婚する様子を見て、周囲と同じことがしたいだけなのではないか」といったものでした。

　しばらくして、幸運にもセックスを経験する機会があり、その考えは間違いだったと気付かされました。
　それは、「本当に好きな女性が相手じゃなければ、こんなことはできない」と行為中に思ったことによります。
　セックスは、非常に動物的な行為で、お世辞にも奇麗なものではなく、生々しいものです。相手の汚い部分も含め、なにもかもを受け入れる行為なので、本当に好きな人が相手でなければ没頭できません。

　そして、「セックスをしたいから付き合うのではなく、お互いを愛し合っているからこそ、セックスすらできる」そんな答えにたどり着きました。
　結局、セックスは手段でしかなく、本当の目的は「彼女との仲を深めること」に他なりません。
　だからこそ、心が通じ合ったセックスが非常に気持ちがよいのです。
　そして、そんな相手とセックスを重ねれば、お互いを深く知り、その快感は回を追うごとに増し、愛も深まり続けます。
　その先にあるのは、セックスのときだけでなく、彼女と生活や人生すら共にしたいと思える境地です。

　その後、私は結婚をする女性と出会うのですが、そんなことに気が付いたからこそ、永遠の愛を誓うことができました。
　付き合いや、彼女とのセックスははじまりに過ぎません。
　その先にある、彼女を何よりも愛おしく思い、何もかも共有したいと思える世界の素晴らしさを、ひとりでも多くの方たちに経験して欲しいと思うばかりです。

三葉

『30歳の保健体育 夜の恋愛編』

2011年7月1日 初版発行

執筆　三葉
カバーイラスト・コミック　ゑむ
本文イラスト　みやはら みみかき

企画・構成・編集　土方 敏良
デザイン　沼 利光、宮田真吾（D式Graphics）

発行人　原田 修
編集人　串田 誠
発行所　株式会社一迅社
〒160-0022　東京都新宿区新宿2-5-10　成信ビル8F
編集部　03-5312-6132
営業部　03-5312-6150
印刷・製本　大日本印刷株式会社

■本書の一部または全部を転載・複写・複製することを禁じます。
■本書のコピー、スキャン、デジタル化などの無断複製は、著作権法上の例外を除き禁じられています。
■本書を代行業者などの第三者に依頼してスキャンやデジタル化をすることは、個人や家庭内の利用に限るものであっても著作権法上認められておりません。
■落丁・乱丁は当社にてお取替えいたします。
■定価はカバーに表示してあります。

Printed in JAPAN　ISBN 978-4-7580-1219-5
Copyright ©一迅社